Soziale Verantwortung
in der Dritten Welt

D1724232

5

Mönchengladbacher Gespräche

Veröffentlichungen der
Katholischen Sozialwissenschaftlichen Zentralstelle
Mönchengladbach

Anton Rauscher (Hrsg.)

Soziale Verantwortung in der Dritten Welt

Verlag J. P. Bachem in Köln

CIP-Kurztitelaufnahme der Deutschen Bibliothek

Soziale Verantwortung in der Dritten Welt /
Anton Rauscher (Hrsg.). – Köln: Bachem, 1983. –
(Mönchengladbacher Gespräche; 5) (Veröffentlichungen
der Katholischen Sozialwissenschaftlichen Zentralstelle
Mönchengladbach)
ISBN 3-7616-0715-6

NE: Rauscher, Anton [Hrsg.]; Mönchengladbacher Gespräch:
Mönchengladbacher Gespräche

1983
© J. P. Bachem Verlag, Köln
Satz und Druck: J. P. Bachem, Köln
Printed in Germany
ISBN 3-7616-0715-6

Inhalt

Vorwort

Die Länder in der Dritten Welt befinden sich mitten in einem Prozeß der tiefgreifenden Veränderung ihrer wirtschaftlichen, sozialen, kulturellen, politischen und internationalen Verhältnisse und Beziehungen. Auch die Kirche wird davon erfaßt. In den letzten zwei Jahrzehnten hat sie einen weiten Weg zurückgelegt von einer Kirche, die noch ganz auf Europa konzentriert war, hin zu einer Kirche, in der die anderen Kontinente immer stärker hervortreten. Im besonderen gilt dies für die Kirche in den Ländern Lateinamerikas, in denen schon bald fast die Hälfte aller Katholiken leben wird.

Die katholische Soziallehre, zu deren Erneuerung und zeitgemäßem Ausbau Bischof Ketteler in Deutschland und Papst Leo XIII. mit der Enzyklika „Rerum novarum" den Boden bereitet haben, hat sich lange Zeit vornehmlich mit der Arbeiterfrage in den Industrieländern auseinandergesetzt. Sie war bemüht, Normen der Gerechtigkeit und Liebe aufzuweisen. Heute geht es darum, was die katholische Soziallehre zur Entwicklung der Länder in der Dritten Welt beitragen kann. Papst Johannes Paul II. hat in seiner denkwürdigen Ansprache an die Dritte Vollversammlung der Lateinamerikanischen Bischofskonferenz in Puebla/Mexiko davon gesprochen, das Ideengut der katholischen Soziallehre einzupflanzen und zu verbreiten.

Wird es gelingen, die vielfältigen Ungerechtigkeiten allmählich zu überwinden und einen Sozialstaat aufzubauen, dessen Wirtschaft leistungsfähig genug ist, um für die ganze Bevölkerung preiswerte Güter und Dienste bereitzustellen, dessen Regierung und Verwaltung in der Lage sind, wirksam den Ausgleich zwischen den Reichen und den Armen, zwischen den Leistungsstarken und den Leistungsschwachen herbeizuführen? Wird man auch bereit sein, aus den bitteren Erfahrungen der europäischen Länder zu lernen, daß weder ein individualistisches Laissezfaire noch eine kollektivistische Organisation von Wirtschaft, Gesellschaft und Staat in der Lage ist, eine gerechte Gesellschaft zu begründen? Wird sich die Einsicht durchsetzen, daß die Übernahme der marxistischen Analyse in Wirtschaft und Gesellschaft dem christlichen Menschen- und Gesellschaftsverständnis widerspricht und daß bisher auch die damit verbundenen Erwartungen in den sozialistischen Ländern nicht eingetreten sind, daß das Einschmuggeln von Klassenkategorien in das Evangelium und in die Kirche (Basiskirche) nicht nur die Einheit der Kirche und ihre religiöse Sendung, sondern zugleich ihr Wirken für die Gerechtigkeit gefährdet?

Ein uns alle tief bewegendes Problem ist der Komplex der Gewalt und Gewalttätigkeit. Hier stehen die Christen Lateinamerikas vor einer ungeheuren Herausforderung. Wie können die politischen und sozialen Ursachen der Gewalt bekämpft und beseitigt werden? Wie ist es möglich, eine auf der Würde und den Rechten der menschlichen Person, auf der brüderlichen Solidarität und der sozialen Gerechtigkeit gegründete gesellschaftliche Neuordnung zu verwirklichen?

Der jetzt vorliegende Berichtsband enthält die Referate und einen Diskussionsbericht der Tagung, die vom 5. bis 7. Mai 1983 in Mönchengladbach stattfand. Die Publikation soll mithelfen, die Bedeutung der katholischen Soziallehre für eine gerechte Gesellschaftsordnung in den Ländern der Dritten Welt besser zu erkennen, und auch Wege aufzeigen, wie sie in die Wirklichkeit umgesetzt und fruchtbar gemacht werden kann.

Herzlichen Dank sage ich dem Vorsitzenden der Kommission X für weltkirchliche Aufgaben der Deutschen Bischofskonferenz, Exzellenz Dr. Franz

Hengsbach, der sich in den dreißig Jahren seines bischöflichen Wirkens um die Weiterentwicklung und Verbreitung der katholischen Soziallehre mühte und diese Tagung nach Kräften förderte. Mein Dank gilt ebenfalls dem Geschäftsführer der Bischöflichen Aktion ADVENIAT, Herrn Prälat Emil L. Stehle, der von Papst Johannes Paul II. inzwischen zum Weihbischof von Quito ernannt wurde. Er hat mit Rat und Tat zum Gelingen der Tagung beigetragen. Ich danke auch der Stadt Mönchengladbach, die wiederum den historischen Ratssaal für die Sozial-ethiker-Tagung zur Verfügung stellte, und dem Verlag Bachem für die verlegerische Betreuung des Berichtsbandes.

Anton Rauscher

Bischof Franz Hengsbach

Einführung in die Thematik

Am 7. März dieses Jahres hat Papst Johannes Paul II. auf dem Marsfeld in Guatemala-City vor allem über den Glauben gesprochen und über den Menschen, über den Glauben, der uns lehrt, daß der Mensch das Abbild Gottes ist. In diesem Zusammenhang hat er aus dem Apostolischen Schreiben »Evangelii nuntiandi« seines Vorgängers Papst Paul VI. folgendes zitiert: »Zwischen Evangelisierung und menschlicher Förderung, Entwicklung und Befreiung bestehen in der Tat enge Verbindungen: Verbindungen anthropologischer Natur, denn der Mensch, dem die Evangelisierung gilt, ist kein abstraktes Wesen, sondern sozialen und wirtschaftlichen Problemen unterworfen; Verbindungen theologischer Natur, da man ja den Schöpfungsplan nicht vom Erlösungsplan trennen kann . . .«

Gegen Ende der erwähnten Predigt sagte der Papst: »Der Glaube an Christus, der uns verpflichtet, Gott zu lieben und auch den Menschen wie einen Bruder zu lieben, lehrt uns, in ihm die ganze Tiefe seines transzendenten Wertes wahrzunehmen. Der Glaube muß daher Ansporn zum Einsatz für seine ganzheitliche Entwicklung werden.« In diesem Zusammenhang spricht der Heilige Vater dann von der Soziallehre der Kirche und betont, daß »deren treue Anwendung den Christen bei der Lösung so vieler Probleme leiten muß, die unsere Gesellschaft betreffen«.

Unsere Katholische Sozialwissenschaftliche Zentralstelle unter Leitung von Herrn Professor Dr. Rauscher hat gerade aus diesem Grunde zu dieser Tagung eingeladen unter dem Thema: »Soziale Verantwortung in der Dritten Welt.« Es ist mir eine

Freude und Ehre, dazu eine kurze Einführung zu geben.

Sie wollen die Verantwortung der Katholischen Soziallehre vor allem für die Länder Lateinamerikas im gemeinsamen Gespräch untersuchen. Wiederholt hat unser Heiliger Vater bei seiner Pastoralreise im März dieses Jahres nach Mittelamerika betont, wie wichtig es sei, »die Kenntnis der Katholischen Soziallehre zu verbreiten und jene entsprechend zu schulen, die treu zu ihr stehen wollen«. Sie erhebt die Grundforderungen der sozialen Gerechtigkeit und zugleich der sozialen Liebe und fordert ihre Verwirklichung ohne Abstriche. Sie hat ihr Fundament im christlichen Menschen- und Gesellschaftsverständnis und wehrt sowohl allen ideologischen Verkürzungen und Verzerrungen wie allen utopischen Erwartungen.

Die Herausforderungen der heutigen Weltlage haben uns die soziale Verpflichtung, die aus dem Evangelium erwächst, neu erkennen lassen. Die Verteidigung der Rechte des Menschen ist unverzichtbarer Bestandteil der christlichen Verkündigung. So wie die Würde des Menschen auf seiner Gottebenbildlichkeit gründet, so umfaßt die Evangelisierung auch die Sorge um die soziale, politische, wirtschaftliche und kulturelle Existenz des Menschen. Dieses *ganzheitliche* Verständnis der Evangelisierung liegt den Aussagen des Konzils, der Bischofssynode und der Päpste zugrunde. So heißt es in GAUDIUM ET SPES (42): »Die ihr eigene Sendung, die Christus der Kirche übertragen hat«, gehört zwar der »religiösen Ordnung an. Doch fließen aus eben dieser religiösen Sendung Auftrag, Licht und Kraft, um der menschlichen Gesellschaft zu Aufbau und Festigung nach göttlichem Gesetz behilflich zu sein.«

Nur im Bewußtsein dieser ihrer religiösen Sendung, die ihr proprium und ihr proximum ist, kann sich die Kirche und muß sie sich als Anwalt der Schwachen begreifen, kann und muß sie sich für menschenwürdige Lebensbedingungen und für die Achtung der Menschenrechte einsetzen als das ihr notwendige consecutivum. In der Treue zum Evangelium ist es ihr verwehrt, der Gewalt das Wort zu reden oder Vertreter von Gewalt und solche zu unterstützen, die eine totalitäre Gesellschaftsform erstreben. So sehr das Evangelium Salz der Erde und Licht der Welt ist (vgl. Mt 5, 13.14), so wenig darf das Evangelium kurzatmig politisiert werden. Im christlichen Verständnis beginnt und verbleibt jede Anstrengung für die Befreiung des Menschen aus bedrückenden, ungerechten Verhältnissen und der Einsatz für die humane Gestaltung des gesellschaftlichen Lebens jenseits von Haß, von Machtkämpfen um bloße Herrschaft und jenseits von Ideologien, die solche Ansprüche legitimieren sollen.

»Für den Menschen da zu sein« gehört zum Wesentlichen des kirchlichen Handelns bei uns in Europa, in Lateinamerika und in allen Teilen der Welt. An unserem Denken und Handeln muß sich erweisen, ob wir uns als Kinder des einen Vaters und als Bruder des einen Meisters Jesus Christus wissen. Der unvergessene Freund Professor Karl Forster hat diesen Sachverhalt zuletzt so ausgedrückt: »Die Dritte Welt rückt uns um so näher, je rückhaltloser wir als Kirche die Botschaft des Glaubens praktisch leben.«

In den letzten Jahrzehnten ist es zunehmend deutlicher geworden, wie sehr die Völker wirtschaftlich, politisch und kulturell nicht nur *voneinander* abhängig, sondern auch *aufeinander* angewiesen sind. Die »soziale Frage« stellt sich heute im weltweiten Maßstab. Sie hat zudem eine eigene Relevanz in den Industriezonen der nördlichen Halbkugel, auch in der Bundesrepublik Deutschland, die vor schweren wirtschaftlichen und sozialen Problemen stehen.

Ich will nur das brennende Problem der Arbeitslosigkeit nennen, mit dem ich als Bischof des Ruhrgebietes, in einer vom Bergbau sowie der Stahl- und Eisen-Erzeugung und -Verarbeitung geprägten Region, jeden Tag konfrontiert werde. Ohne Arbeit und ohne Verdienst zu sein, trifft den Menschen tiefer als nur in der Lohntüte. Die Kirche hat eine besondere Verantwortung wahrzunehmen, indem sie auf die im weitesten Sinn menschlichen Auswirkungen der Arbeitslosigkeit aufmerksam macht.

Wenn unsere Probleme schon schwierig sind, wie groß sind dann erst die Probleme in jenen Ländern, die sich im vollen industriellen Umbruch befinden! Es ist eine erfreuliche Tatsache, daß es vornehmlich zuerst die Christen in unserem Land gewesen sind, die sich der Problematik der Dritten Welt zuwandten, bevor diese Fragen im Zeichen des weltpolitisch brisanten Nord-Süd-Konflikts zu einem Thema der allgemeinen Öffentlichkeit geworden sind. Auf diesem Wege gilt es fortzufahren. Hier sehe ich für die Zukunft eine ganz entscheidende Aufgabe der Kirche: Die wirtschaftlichen und sozialen Probleme im eigenen Land dürfen uns nicht davon abhalten, uns jenen Völkern zuzuwenden, die im vollen Wind wirtschaftlichen und sozialen Strukturwandels stehen und die auf unsere Solidarität warten.

Diese *tätige Solidarität* kann nicht ohne die persönliche *Begegnung,* den offenen *Meinungsaustausch* und eine vertrauensvolle *Verbundenheit* gelingen. Bei der Behandlung aller Sachfragen und aller akuten gesellschaftlichen Probleme geht es dieser Tagung vor allem um diese drei Aspekte: die persönliche Begegnung, den offenen Meinungsaustausch und eine wachsende vertrauensvolle Verbundenheit.

Dabei ist es uns deutschen Katholiken eine freudig angenommene Verpflichtung, die Zusammenarbeit sowohl im Bereich der praktischen Hilfe wie auch im Austausch der konkreten pastoralen Erfahrungen und nicht zuletzt im Bereich der theologischen Wissenschaft gerade mit der Kirche in den lateinameri-

14

kanischen Ländern zu pflegen und zu vertiefen. Unser soziales Hilfswerk MISEREOR und unsere pastorale Aktion ADVENIAT haben im Laufe von über 20 Jahren eine tragfähige Brücke dafür gebaut. Indem ich Ihnen allen seitens der Deutschen Bischofskonferenz und vor allem ihrer Kommission für die Aufgaben der Weltkirche die Grüße herzlicher Verbundenheit überbringe, möchte ich wünschen, daß von dieser Sozialethiker-Tagung Initiativen und Anstöße ausgehen für eine vertiefte Beschäftigung mit der Katholischen Soziallehre und eine darauf aufbauende christlich-soziale Praxis. In der Entfaltung und Anwendung der Soziallehre der Kirche liegen noch viele unausgeschöpfte Möglichkeiten. Viele drängende Fragen warten stürmisch auf Antwort. Es ist keine Zeit zu verlieren.

Paul Link

Befreiende Evangelisierung – Erfahrungen aus pastoraler und sozialer Praxis

Früher ist gesagt worden: Wenn jemand die ganze Welt kennenlernen will, so müsse er von Land zu Land reisen oder eine Stadt wie Rom besuchen. Rom galt durch Jahrhunderte hindurch als Mittelpunkt, als gesammelte sichtbare Geschichte, als Konzentration von allem, was besteht.

Wenn sich heute jemand ein Bild von der Weltsituation machen will, dann kann ihm empfohlen werden, entweder vom Norden zum Süden hin, vom Westen bis zum Osten, von den Industrie- bis zu den Entwicklungs-, von den West- bis zu den Ostländern oder umgekehrt aufzubrechen oder mit einer Großstadt in einem Schwellenland der Dritten Welt Kontakt aufzunehmen. Denn eine solche Stadt ist nicht nur ein Spiegelbild der Kontrastsituation des betreffenden Landes, sondern der Weltlage überhaupt, die, wie die Pastoralkonstitution »Gaudium et Spes« in der Einleitung beschreibt, von faszinierenden Fortschritten und zugleich von erschütternden Skandalen gekennzeichnet ist. Wenn ich zu dem mir gestellten Thema einige Daten und Reflexionen vorbringe, geschieht dies vom Kontext der Stadt São Paulo in Brasilien aus, wo ich seit 1971 tätig bin.

Dabei geht es in erster Linie nicht um eine exakte Beschreibung der brasilianischen Wirklichkeit, sondern um den Versuch darzustellen, wie sich die christliche Mission im Kontext eines lateinamerikanischen Landes vollziehen kann. Es geht um die orientierende und transformatorische Präsenz der Kirche in den sozialen und politischen Prozessen. Vom

Glauben motiviert und herausgefordert von den Zeichen der Zeit, sind die Christen in einer Zeit, die wie noch nie zuvor durch stärkste Spannungen, Kontraste, Umstürze und Veränderungen bestimmt ist, angehalten, ihre Sicht der Dinge, ihren Lebensmut und ihre Vorstellungen über menschliches Zusammenleben einzubringen. Dabei gewinnt das Sozialapostolat oder die Diakonie als integraler Bestandteil der Mission eine unübersehbare Bedeutung in Ländern, in denen Menschen aus der Unterdrückung zur Freiheit gelangen, vom Rand zur Mitte drängen und aus der Masse heraus »Volk« werden wollen.

Das Sozialapostolat stellt sich in zwei Formen dar. Insofern es in den betroffenen Ländern konzipiert und praktiziert wird, heißt es im allgemeinen »befreiende Evangelisierung«. Insofern es von außen her sich mit der Welt der Marginalisation in Beziehung zu setzen versucht, wird es »Entwicklungshilfe« genannt. Beide Prozesse müssen mehr als bisher aufeinander bezogen werden.

Was auf dem Spiele steht, ist die Lösung der sozialen Frage, sowohl der alten sozialen Frage, die das Verhältnis von Kapital und Arbeit betrifft, als auch der neuen, der es um die Gerechtigkeit und Chancengleichheit innerhalb einer Gesellschaft geht, sowohl der kleinen alten sozialen Frage, der es nur um ein Land, als auch der großen modernen, der es um die Nord-Süd-Problematik geht. Dieses umfassende soziale Problem wird zu der großen Herausforderung unserer Epoche, nicht zuletzt angesichts des katastrophalen Scheiterns vieler gut gemeinter Projekte, angesichts der bisherigen Erfolglosigkeit, die Massenarmut zu beseitigen, und im Blick auf die weltweiten Krisen wie Rezession, Inflation, Arbeitslosigkeit, Erdölverteuerung, Zerrüttung des Weltwährungssystems, Gewaltanwendung und Krieg.

Missionarisches Zeugnis und Entwicklungsdienst, Verkündigung des Heils und verantwortliche Mitwirkung am Gemeinwohl, Evangelium und Befreiung gehören zusammen. Sie dürfen nicht gegeneinander ausgespielt werden, was zu bedrohlichen Polarisationen führt. Sie können nur im Miteinander verwirklicht werden, wie es das Heilsgeschehen in Christus verlangt. Förderung der menschlichen Person ohne missionarische Perspektive ist blind, missionarisches Bemühen ohne Sozialapostolat entfremdet. Mission und Sozialapostolat, für Christen nie Last, vielmehr Privileg, dürfen kein verworrenes Knäuel von Problemen sein, sondern müssen als freies, befreiendes Feld von Möglichkeiten gesehen werden.

I. Der Kontext der missionarischen Tätigkeit

Einer jüngeren Umfrage zufolge gelten zur Zeit Arbeitslosigkeit und Kriminalität als die beiden größten Probleme Brasiliens. Zu einer immer schon bestehenden strukturellen Arbeitslosigkeit (Unterbeschäftigung und Saisonarbeit) von 20 bis 30 Prozent der erwerbsfähigen Bevölkerung kommt heute eine rezessionsbedingte, die an manchen Stellen nochmals bis zu 20 Prozent ausmacht.

Brasilien, mit 8,5 Millionen km^2 das fünftgrößte und mit 125 Millionen Menschen das sechstbevölkerungsstärkste Land der Welt, ist heute – vielleicht intensiver und massiver als Mitteleuropa zu Beginn der Industrialisierung – Schauplatz gigantischer wirtschaftlicher, sozialer und vor allem geistiger Umwälzungen.

Vordergründig ist dafür die plötzliche und schnelle Verpflanzung von Wissenschaft und Technik von der alten in die neue Welt verantwortlich. In Europa entwickelten sich aus dem Handwerk und vom Dorf her die Fabrikbetriebe und die großen Städte. In der Dritten Welt werden Maschinen und Techniker »wie über Nacht« eingeflogen. Wo sie sich niederlassen,

entstehen – in Verbindung mit der örtlichen Oberschicht – Zentren, die auf das ganze Land eine
magnetische Wirkung auslösen.

Im Jahre 1960 lebten in Brasilien noch 60 Prozent
der Bevölkerung auf dem Lande; zwanzig Jahre später wohnen schon 70 Prozent in den Städten. Die
Urbanisierung schreitet voran. Sie ist nicht nur spür-
bar in den Ballungsräumen, sondern auch dort, wo
Aufbruchstimmung herrscht und Menschen ihre Heimat verlassen.

Geschichtliche Ursache dieser tiefgreifenden Veränderungen ist die Revolution von 1964, im allgemeinen als »Revolution der Reichen« bezeichnet. Keineswegs ging es damals um die Abwehr des Kommunismus, es ging wesentlich um die Einführung eines
neuen sozio-ökonomischen Modells. Dieses Modell
bedeutete die Option für das Großkapital, für
modernste Technologie, für multinationale Betriebe;
dies alles unter der Bedingung der »nationalen
Sicherheit«. Von daher der Hang zur Militärregierung und zur Unterdrückung der Andersdenkenden.

In diesem Tagen wird in Brasilien der Film »Brasil
pra frente« (»Brasilien voran«) gezeigt, der mit dem
Mythos eines friedlichen Landes aufräumt. Er zeigt
die Diskriminierung der politischen Gegner: 20 000
mußten verschwinden, entweder untertauchen oder
ins Exil oder in die Gefängnisse gehen.

Wer das riesige Land Brasilien mit 4300 km Nord-
Süd- und Ost-West-Ausdehnung ansieht, wird die
Option der Oberschicht verstehen. Das Land kann
nur erschlossen werden, wenn großes Kapital zum
Einsatz kommt. Sicher hat dieser Weg mittlerweile
viele positive Ergebnisse erbracht. Das relativ gut
funktionierende Verkehrs- und Kommunikationssy-
stem, die Demokratisierung der Schulen, die Verbesserung der Wohnverhältnisse und vieles mehr sind
Beispiele, die von Fortschritt zeugen.

Auch ist es verständlich, wenn der Kuchen (Sozialprodukt) zunächst einmal wachsen muß, bevor er verteilt wird. Wenn aber einer expansiven wirtschaftlichen Entwicklung, die von der großen Politik gestützt wird und Wachstumsraten von durchschnittlich 10 Prozent aufweist, keine gleichgewichtige Einkommens- und Vermögensverteilung folgt, kann man die steigende Ungeduld der Opposition, vor allem der Kirche, verstehen, die in verstärktem Maße dem System das »Quousque tandem« entgegenhält. Mehr noch: Angesichts der im Ausland leicht erhältlichen Kredite verfällt die brasilianische Oberschicht mehr und mehr dem Wahn eines »Groß-Brasilien«, und mit Riesenschritten geht man daran, pharaonische Projekte wie Transamazonica, Atom- und Wasserkraftwerke zu verwirklichen. Gemessen an der Produktion ist Brasilien in die Spitzengruppe der Nationen eingedrungen; es nimmt den Rang 8 unter den 161 Nationen der Erde ein. Für eine kleine Minderheit, die sich übermütig bereichert hat, ist in diesem Sinne das »Land des Heiligen Kreuzes« mehr »heilig« als »Kreuz«. 20 Prozent der Bevölkerung verfügen über 80 Prozent des Nationaleinkommens. Wenn der soziale Fortschritt als Kriterium angenommen wird, rangiert Brasilien an 54. Stelle. Für die große Masse der Bevölkerung hat sich die Lebenslage infolge der allgemeinen Rezession, Massenarbeitslosigkeit, Inflation nicht nur relativ, sondern absolut verschlechtert, so daß diesen Brasilianern das Land wirklich mehr »Kreuz« als »heilig« ist.

In äußerster Schärfe wird dies in den Metropolen wie Rio, Recife, São Paulo sichtbar, wo bei einer Inflation von über 100 Prozent die Elendsviertel – Favelas genannt – im Zeitraum zwischen 1978 und 1981 enorm zugenommen haben. Groß-São Paulo mit seinen 37 Stadtgemeinden hat 14 Millionen Einwohner. Jedes Jahr kommen 500 000 bis 600 000 Menschen dazu. (40 Millionen der brasilianischen Bevölkerung sind in den letzten 20 Jahren – angelockt von den neuen und großen Zentren – auf Wanderung gegangen. Von drei Brasilianern wohnt einer nicht mehr dort, wo er geboren ist.) Zur Zeit gibt es ungefähr zwei Millionen Favela- und eine Million Curtiço-Bewohner. Den neu Zugezogenen geht es heutzutage schlechter als vor 5 Jahren, und die schon Seßhaften, vor allem aus den Oberschichten, können stolzere Bilanzen als vor einigen Jahren aufweisen. Der Kontrast zwischen Superreichen, die in abgeschlossenen, von der Polizei bewachten Vierteln leben, und den Habenichtsen, die sich noch gegenseitig berauben, kennzeichnet eine höchst explosive soziale Lage.

Was in São Paulo auffällt, sind die Gegensätze. Einerseits ein imposantes Zentrum, eine ungeheure Konzentration von Wissenschaft, Technik und Zivilisation, eine einmalige Leistung des menschlichen Geistes, menschlicher Hände und menschlichen Herzens. Es gibt ganz sicher kaum eine Stelle auf der Erde, in der so viele Rassen und Nationen in einem hohen Grad von Toleranz zusammenleben. Die reibungslosen Abläufe im Massentransport, im Verkehr, in den Krankenhäusern und auf dem Flughafen sind Zeichen von Geduld und Rücksichtnahme, die nicht das Gewöhnliche ausmachen und Übermenschliches erfordern.

So imposant die Zentren sind, so demütigend sind andererseits die Peripherien. Eine halbe Million lebt im Luxus, knappe 4 Millionen bilden die mittlere und obere Mittelklasse, die heutzutage oft stark beschnitten werden, 7 Millionen leben an der Peripherie, 3 Millionen in den Favelas und Curtiços. »Ich teile«, so schreibt Maria Karolina de Jesus ins »Tagebuch der Armut« (Aufzeichnungen einer brasilianischen Negerin) »São Paulo folgendermaßen ein: Der Palast (der Sitz der Regierung des Bundesstaates São Paulo) ist der Salon, das Rathaus ist das Eßzimmer und die Stadt ist der Garten. Und die Favela (Elendsviertel) ist der Hinterhof, wo man den Abfall hinwirft.« Oder – um es anders auszudrücken – wo die »Entwicklung der Unterentwicklung« stürmische Fortschritte macht.

»São Paulo não para, porque não pode parar«: »São Paulo steht nicht still, weil es nicht still stehen kann«, sagen die Bewohner der Stadt. Unglaublich der Rhythmus. Tag und Nacht. Täglich werden in São Paulo die Peripherien vom Zentrum aufgesaugt und wieder dorthin ausgespieen. Die meisten brechen zwischen 4 und 6 Uhr auf, brauchen im Durchschnitt 2 Stunden bis zum Arbeitsplatz in überfüllten Bussen und Zügen. Abends der gleiche Weg zurück. Viele Väter sehen kaum ihre Kinder und umgekehrt. Die meisten nehmen in der Frühe einen Cafezinho zu sich, mittags Reis und Bohnen, abends ein Stück Brot und den »Melhoral« – die Tablette gegen Kopfweh, wie die Leute sagen.

Die überfüllten Gefängnisse und 500 000 verwahrloste Kinder und Jugendliche bezeugen, wie sehr die menschliche Existenz in dieser Stadt belastet ist. Hier liegt der schwächste Punkt des Systems: Auf die ungeheure Invasion an Kapital und Technologie ist der einfache Mann des Volkes nicht vorbereitet. In der Gemeinde Jandira bei São Paulo wurden in zwei Jahren 35 Betriebe aus der Erde gestampft, und da kommen die Josefs und Marias mit Kind und Kegel – oft als »posseiros« von ihrer Welt des Landesinnern vertrieben – und stehen verwirrt vor dem Hochhäuserwald und dem Lichtermeer von São Paulo.

Ich frage mich, was im Innern eines Menschen vor sich gehen mag, der Jahrzehnte verlassen im Land gelebt hat und plötzlich von grellem Licht und schrillem Lärm umgeben, angeschrien, hin- und hergeschoben wird, alle vier Wochen den Arbeitsplatz verläßt, von Ämtern schikaniert wird, einige Male umziehen muß und Finanzkrisen durchzustehen hat. Ein Arbeiter sagte mir einmal: »São Paulo é uma besta que nos engole e joga para fora, se nao aguenta o estomago dela«: »São Paulo ist wie ein wildes Tier, das uns verschlingt und hinauswirft, wenn wir den harten Magen der Stadt nicht verkraften«.

Daß eine so große Stadt eine »Person« ist (die alten Griechen haben das gemeint), oder daß Stadtluft frei macht (so das deutsche Mittelalter), daran glaubt schon lange niemand mehr. Toynbees Prognose, nach der sich die Reichen hermetisch innerhalb der Städte in bestimmten Vierteln abschließen, ist schon Realität in der »Cidade de Deus«, in der Gottesstadt der Bankiers in Osasco und in Alphaville, Barueri, wo Polizisten mit Maschinengewehren Wache schieben, um die Überreichen zu beschützen.

Was Brasilien zur Zeit charakterisiert, ist der Zusammenprall von zwei Welten, der vor-technologischen und der technologischen Welt.

Der im Landesinnern landwirtschaftlich tätige, von Tradition und Religion geborgene Mensch verliert mehr und mehr Gesicht und Dasein. Überall dominiert der aus- und einwandernde, von wissenschaftlichen und technischen Neuigkeiten und Versprechungen angelockte und faszinierte Mensch. Der Mensch von gestern entbehrte viel, er veränderte kaum etwas, aber er lebte in einem Sinngefüge. Dem Menschen von heute bieten sich viele Möglichkeiten, durch ihn kommen ungeheure Veränderungen zustande, der Lebenssinn aber entschwindet ihm mehr und mehr. Dem traditions- und sinnorientiert lebenden Menschen wird zu zeigen sein, daß er auch tätig werden und mitgestalten muß, dem neuzeitlich, hektisch und überaktiv lebenden Menschen, daß niemand ohne Lebenssinn bestehen kann.

Der einfache Lebensstil, die unmittelbare Daseinsfreude, die spontane Herzlichkeit, der Elan, mit dem immer wieder angefangen wird, und der Optimismus, daß sich doch alles zum Besseren wende, sind Faktoren, die man nur bestaunen kann. Als einer, der mit einem Minimum an materiellen Gütern zufrieden und lebensfroh sein kann, ist der Brasilianer in vollem Sinn des Wortes ein Lebenskünstler, der aller Welt eine Lektion erteilen kann.

II. Mission als befreiende Evangelisierung

»Noch nie haben wir ähnliche Dinge gesehen« – dieses Bibelwort gilt im Blick auf die Zeichen unserer Zeit, auf Fakten und Ereignisse, die unsere Aufmerksamkeit auf sich ziehen und eine Stellungnahme provozieren. Zeichen der Zeit, ein ursprünglich biblischer Begriff – »die Phänomene der Atmosphäre hinsichtlich des Wetters wißt ihr zu deuten, die Zeichen der Zeit aber nicht« (Mt. 6,3) – ist eine profane Kategorie geworden, um die konkrete Alltagsgeschichte zu deuten, um Brücken zu schlagen zwischen der modernen Welt und der Welt des Glaubens.

Die Zeichen der Zeit: Vordergründig sind es mitreißende Fortschritte und erschreckende Skandale. Sie zeigen tiefere Realitäten auf. Eine Stadt wie São Paulo bietet in äußerer Dichte ungeahnte Realisations- und beängstigende Frustrationsmöglichkeiten. Die Extreme menschlichen Daseinsvollzugs – z.B. hunderttausend Menschen, die auf freiem Platz die 7. Symphonie von Beethoven hören; ein überfülltes Gefängnis, das revoltiert – zwingen die Frage nach dem Woher und Wozu des Daseins geradezu auf.

Zeichen der Zeit: Hintergründig sind für die gigantischen Veränderungen politische Optionen verantwortlich, weiterhin der überschnelle Transfer von Großkapital und Technologien und damit verbunden Lern-, Forschungs-, Transport-, Produktions- und Vertriebssysteme. Sie sind Vehikel nicht nur der »Tugenden« einer Leistungsgesellschaft, wie z.B. Planungs- und organisatorisches Vermögen, Rentabilitäts- und Gewinnstreben, Leistungswille und Karrierestreben, sondern auch Vehikel eines gleichsam

»verdinglichten« Werte- und Ideologieexports, der –
je nach Interessenstandpunkt – »dynamische Kul-
turelemente« (R. F. Behrendt) oder »abgepackte
Lösungen« (I. Illich) beinhaltet.

Zeichen der Zeit: Für die noch nie in der Mensch-
heitsgeschichte so gewaltige Transformation ist eine
bestimmte Konstellation von Modellen verantwortlich, die sich mit bestimmten Ideologien zu Systemen
verbunden haben. Sie sind jeweils an einer bestimmten Stelle entstanden und haben sich dann sofort
über die ganze Welt ausgebreitet. Die Länder der
Dritten Welt erleiden zur Zeit den Schub eines über-
stürzten Imports dieser Systeme. Eine Analyse ist
wichtig, um den »Sitz des Lebens« befreiender Evangelisierung zu verstehen. Es handelt sich um die
Systeme der »perfekten Technologie«, der »absolu-
ten Freiheit«, der »totalen Organisation« und der
»transzendentalen Utopie«.

*Als erstes wäre die englische oder industrielle Revolu-
tion* zu nennen. Sie verkündet die Befreiung von
einer Welt, die als Kosmos bestaunt, als Monstrum
gefürchtet, aber nicht angetastet werden darf. Aus
der Welt wird ein Material, das wir wissenschaftlich
erforschen und technisch ausnutzen dürfen. Die Verheißung lautet: Wo Geld, Technik und Maschinen
einziehen, dort entsteht der neue Mensch. Der
Sprung nach vorn ist die Befreiung der Menschheit
von großen materiellen Problemen. Negativ am
Kapitalismus ist die Marginalisierung der sozialen,
kulturellen und geistigen Dimension.

*Die zweite Revolution ist die Französische oder politi-
sche Revolution.* Sie verkündet die Befreiung von
Altar, Thron und Jenseits. Sie installiert die Freiheit
als Quelle des Glücks. Die Verheißung lautet: Wo
sich einer der Freiheit bewußt wird, dort entsteht der
neue Mensch. Der Sprung nach vorn ist die Entdek-
kung der Menschenrechte.

Negativ am Liberalismus ist die Unterdrückung der Schwachen.

Die dritte ist die russische oder soziale Revolution. Sie verkündet die Befreiung von Standesunterschieden und sozialen Ungleichheiten. Die Gesellschaft ist kein Tabu mehr, sie kann völlig verändert werden. Die Verheißung lautet: Wo die Gesellschaft total organisiert ist, dort entsteht der neue Mensch. Der Sprung nach vorn ist die Gleichheit als Ordnungsprinzip. Negativ am Sozialismus ist die Unterdrückung der Freiheit und die Ausschaltung der Andersdenkenden.

Als vierte kann die euro-amerikanische oder mystische Revolution bezeichnet werden. Sie verkündet als Reaktion gegen die drei vorhergehenden Systeme die Befreiung von allem, was Technik, Individualismus und Organisation bedeutet. Es ist die Suche nach dem natürlichen, einfachen und spontanen Leben – in der transzendentalen Utopie. Die Verheißung lautet: Wo natürlich, spontan und kreativ gelebt wird, dort entsteht der neue Mensch. Der Sprung nach vorn ist das alternative Leben in Einfachheit, Natürlichkeit, Gemeinschaft. Negativ an diesem Neo-Mystizismus ist die Flucht ins Irreale und das Verweigern der Verantwortlichkeit.

Nun wissen wir: Ein Erdteil wie Lateinamerika, ein Land wie Brasilien haben diese Systeme importiert, ihre Segnungen und Verheißungen, ihre Frustrationen und ihr Versagen. Geblieben ist eine starke Sehnsucht nach Freiheit. Von daher ist es nur zu verständlich, wenn Erlösung in diesem Kontext sich präferenziell, nicht exklusiv, als Befreiung darstellt und Mission als befreiende Evangelisierung. Im missionarischen Tun teilt die Kirche ihr Ureigenstes, Kostbarstes und Wichtigstes mit: nicht in erster Linie eine Idee oder ein Gesetz, sondern eine Person als die leibhaftige Verheißung des neuen Lebens, der neuen Welt, des Reiches Gottes. *Es ist die Person*

Jesu Christi. In ihm wird alles, was im Menschen geschieht, Gott offenbar und alles, was in Gott geschieht, dem Menschen offenbar. Für die Christen ist diese Gestalt absolute Originalität, Herausforderung, Hoffnung.

Glaube heißt: die Dimension des neuen Lebens dringt in unsere Existenz ein. Sie überfällt uns, reißt uns mit. Uns gelingt eine Entdeckung, die neues Licht auch auf soziale Fragen wirft, neue Kraft entfaltet, die uns die Befreiung ermöglicht, die wiederum auf unseren Lebensumkreis übergreift und sogar Strukturen und Systeme zu verändern imstande ist. Keine Formel und kein einzelnes Projekt ist in der Lage, die in Christus erschienene leibhaftige Fülle des Lebens adäquat zu vermitteln. Jeder missionarische Einsatz bleibt meilenweit hinter der Fülle dessen zurück, was mitzuteilen ist.

Mission ist ein Globalgeschehen. Die Kirche hat – ausgehend von der Messianität Christi als Prophet, Priester und König – folgende klassische Dreiheit des missionarischen Einsatzes definiert:

- Die Martyria, welche die Sendung zum Glaubenszeugnis in Verbindung mit der Katechese umfaßt. Es ist die engagierte Verkündigung des Wortes. Ziel ist Entdeckung des Lebenssinns.
- Die Liturgia, welche als gottesdienstliche Versammlung – die Sakramente einbegriffen – das Fest des Glaubens bedeutet. Ziel ist die Feier des Lebenssinns, der den ganzen Menschen und alle Menschen erfaßt.
- Schließlich die Diakonia, welche die verschiedenen Formen des verkündeten und gefeierten Glaubens in der Hinwendung zum Nächsten realisiert. Es ist als Ausdruck von Wort und Fest die christliche Tat. Ziel ist die Transformation des Menschen und der Gesellschaft, entsprechend dem neuen Leben, das in Christus erschienen ist.

Wenn die Dritte Lateinamerikanische Bischofskonferenz in Puebla die Mission als »befreiende Evangelisierung« beschreibt, dann geschieht dies, um die verschiedenen, bisweilen extremen Positionen zueinander zu bringen. Befreiende Evangelisierung bedeutet in diesem Sinne:

- Eine Antwort auf die tiefe Sehnsucht nach Unabhängigkeit, Eigenständigkeit, Selbstverwirklichung, Freiheit des lateinamerikanischen Menschen.
- Eine Option in vorzüglicher, nicht ausschließlicher Weise für die Armen und die Jugend, für den Menschen in der Marginalisation, der sich also am Rande der Gesellschaft befindet und oft Züge des Nicht-Menschen annimmt.
- Ein neues Selbstverständnis des Gottesvolkes, das sich nicht einseitig als Objekt und Ziel, sondern vor allem als Subjekt und Träger der Evangelisation, der integralen Befreiung und der Volkwerdung versteht.
- Die Evangelisation, welche als integrale Befreiung, als Mission und Entwicklungshilfe in einem anzusehen ist, soll direkt, kommunitär, vital sein.
- Eine Missionstätigkeit, die in besonderer Weise auf die Umgestaltung ungerechter, menschenunwürdiger gesellschaftlicher Verhältnisse gerichtet ist, wobei in besonderer Weise die politische Dimension mitgesehen wird.

Das Herzstück der befreienden Evangelisierung ist die Auffassung vom Menschen, der als Bild und Gleichnis Gottes berufen ist, Herr, Bruder und Kind zu sein. Herr, der die Dinge und Systeme zu beherrschen hat; Bruder, der im Nächsten ein Geschöpf und Geschenk Gottes sieht, der dankt, großzügig wird und zu dienen beginnt, unter dem Gesetz des Empfangens und Mitteilens; Kind, das sich vom

Leben überraschen läßt, von Gott nicht nur etwas, sondern alles erwartet und ihn anbetet.

Wo der Mensch als Kind, Bruder und Herr lebt, dort ereignet sich Befreiung; Befreiung von Knechtschaft, Sünde und Tod; Befreiung für die Teilnahme am Leben in allen seinen Dimensionen und schließlich Gemeinschaft mit dem Nächsten und mit Gott. Befreiung, Partizipation und Gemeinschaft sind die großen Etappen der befreienden Evangelisierung. Von hier aus versteht sich auch die vorzügliche, nicht ausschließliche Option für die Armen und Jugendlichen, die geleistet werden muß, damit der neue Humanismus Wirklichkeit werden kann, der uns das Reich Gottes näherbringt.

III. Erfahrungen pastoraler Praxis im Bereich einer Pfarrei in Brasilien

Mein erstes Tätigkeitsfeld, das es bis heute geblieben ist, stellt die Pfarrei Sankt Lukas in Carapicuiba in São Paulo dar. Dieses »Dorf«, 22 km vom Zentrum São Paulos entfernt in der westlichen Peripherie gelegen, wurde 1965 zur politischen Stadtgemeinde erhoben und ist in den letzten 20 Jahren von 10 000 auf 250 000 Menschen angewachsen. Zugezogene überwiegen. Zu 80 Prozent kommen die Leute aus dem Landesinnern, vor allem aus den Dürre- und Überschwemmungsgebieten, auch aus Paraná, einem südlichen Bundesstaat. 50 Prozent der Erwachsenen können weder lesen noch schreiben. 90 Prozent sind ohne jegliche berufliche Orientierung, d. h. zum Mindestlohn von ca. 150 DM und weniger verurteilt. Die Wohnverhältnisse sind katastrophal. Auf engstem Raum in Ein- bis Zwei-Zimmerräumen leben nicht selten 10 bis 15 Personen. 20 Prozent hausen in den Favelas.

Als ich 1971 kam, existierte noch keine Pfarrei. Ich

habe mit Hausbesuchen in unmittelbarer Nähe meiner Wohnung angefangen. Gespräche, Novenen, Gottesdienste in den Häusern waren erste Schritte. Ich habe die Leute dazu angehalten, sich gegenseitig zu helfen, Nöte zu beseitigen, füreinander einzutreten. Helfen heißt geben. Helfen heißt aber auch fordern. Wem viel gegeben ist, von dem wird auch viel verlangt (Lk 12,48). Dreifach ist die Pädagogik: Zunächst ist sie ein »Für-den-andern«. Dann wird sie zu einem »Mit-dem-andern« und schließlich ein »Durch-den-andern«. Von daher habe ich von Anfang an diejenigen, die sich beteiligten, zur Übernahme von Diensten eingeladen. Kirche ist nicht Versorgungsanstalt, sondern Dienstgemeinschaft. Es bildeten sich Equipen, entsprechend den Erfordernissen der Pastoral und den bestehenden Nöten, so unter anderem Gruppen für Gebetsapostolat, Katechese, Liturgie, Soziale Dienste, Jugend, Ministranten, Familien, Finanzen, Kranke, Feste und Administration. Wenn sich in einem Ortsteil 5 Equipen gebildet haben, kann ein Gemeinschaftsrat (Conselho Comunitário) gewählt werden. Aktives und passives Wahlrecht haben Personen, die den Dizimo (monatlichen Kirchenbeitrag) bezahlen und am kirchlichen Leben teilnehmen. Angeführt wird jede Gemeinschaft von einem Leiter oder Koordinator. Der Gemeinschaftsrat trifft sich monatlich, die Equipen wöchentlich. Priester und Schwestern nehmen im allgemeinen nicht an diesen Versammlungen teil, damit diese Gruppierungen möglichst viel selbst übernehmen.

Mittlerweile sind auf diese Weise 20 Gemeinschaften entstanden, in einem Gebiet, das von 80 000 Menschen bewohnt wird. Weitere 6 Gemeinschaften sind im Aufbau. Ab 1977 hat sich auch ein Pfarrgemeinderat (Conselho Pastoral da Paróqua) gebildet. Er setzt sich aus den Koordinatoren der Gemeinschaften und den Koordinatoren der Pfarr-Equipen zusammen. Letztere werden von den ca. 500 Mitarbeitern der Arbeitsequipen gewählt. Sie sind verantwortlich für die Ausbildung, die regelmäßig durchgeführt wird. So nehmen die Mitarbeiter an einer monatlichen Schulung und zweimal im Jahr – in den Ferienzeiten Januar und Juli – an einer katechetischen bzw. sozialen und liturgischen Woche teil.

Wenn eine Gruppe sich zur Gemeinschaft organisiert hat, kann sie Land erwerben und mit dem Bau eines Gemeinschaftszentrums beginnen. Es besteht aus einer Kirche, einem Saal und einem Trakt für den Hausmeister. Am Anfang hatten wir Mehrzweck-Zentren; diese sind vom Volk mehr und mehr abgelehnt worden. Beim Bau wird jede Gemeinschaft aufgefordert, sich an der Finanzierung zu beteiligen. Doch ohne Hilfe von außen ist Bauen kaum möglich. Gelder, die von außen kommen – von einem persönlichen Freundeskreis oder als Darlehen des Hilfswerkes Adveniat – werden nach Abschluß der Bauarbeiten in Monatsraten an die Pfarrei zurückgezahlt. Jede Gemeinschaft muß und will das Gefühl und die Überzeugung haben: Was hier geschieht, ist unser Werk, ist unsere Kirche.

Die Pfarrei hat eine gemeinsame Kasse. Diese wird nur von 30 Prozent aller Einkünfte gebildet, 60 Prozent bleiben in der Gemeinschaft, 10 Prozent werden zur Bischofsregion weitergeleitet. So sehr wir die Eigenständigkeit jeder Gemeinschaft betonen, so sehr treten wir auch für die Solidarität mit den anderen Gemeinschaften, der Pfarrei, dem Dekanat, der Bischofsregion und der Erzdiözese ein. Eine missionarische Pfarrei soll sich als »Gemeinschaft von Gemeinschaften« verstehen, in der alle für jeden einzelnen und jeder einzelne für alle da ist. Was eint, ist:

– die Feier der Eucharistie,
– der Pfarrgemeinderat,
– das gemeinsam durchgeführte Sozialengagement,

einschließlich zahlreicher Aktionen im Kampf um Menschenrechte,
— die gemeinsame Feier der Karwoche und der großen Jahresfeste,
— eine Kundgebung am 1. Mai, dem Tag der Arbeit,
— die Bildungsveranstaltungen,
— eine Reihe von Wallfahrten und Prozessionen.

Im Jahr 1982 wurden 1461 Taufen gespendet (nach 2 Abenden Vorbereitung); 227 Trauungen fanden statt (8 Vorbereitungstreffen); 195 Jugendliche wurden gefirmt (6 Monate Vorbereitung). Pro Sonntag nehmen 8000 Menschen an den Gottesdiensten teil.
In den 20 Gemeinschaften meiner Pfarrei sind Gebet, Liturgie, Katechese, Gemeinschaftsleben dominant; Sozialdienste werden nur in geringem Ausmaß durchgeführt. Doch verlangen die großen sozialen Probleme auch wirksamere Maßnahmen. Um die einzelnen Gemeinschaften sowie die Gesamtbevölkerung besser zu fördern, sind mittlerweile Kolpingsfamilien entstanden. Sie verstehen sich als Gemeinschaften in der Pfarrei und als soziale Gemeinwesen in der Gesellschaft. Ihre Aufgabe ist die Diakonie, Diakonie vor allem in der Welt der Arbeit, in Form von Assistenz, Bildungsmaßnahmen und Ermöglichung von Selbsthilfeorganisation.
Die Kolpingsfamilien sind Stellen systematischer Studien der katholischen Soziallehre. Im Jahre 1982 erreichten sie durch ihre Kurse und Programme — vom Kindergarten über Nahrungsmittelausgaben bis zur Berufsausbildung — 38 129 Personen. Die Kolpingsfamilien sehen sich als Selbsthilfeorganisation. Sie sind autonom. Durch einen Vertreter sind sie im Pfarrgemeinderat präsent. Die Sozialarbeit verstehen wir weder als Ziel der Evangelisierung noch als Mittel zum Zweck, sondern als vitalen Ausdruck des Wortes Gottes, das wir verkünden, und des liturgischen Festes, das wir feiern.

Zusammenfassende Bemerkungen:

1. Es ist ein eigenartiges Phänomen, daß ausgerechnet in einem Land wie Brasilien, das wie kein anderes von der Migration bestimmt ist, der christliche Glaube in besonderer Weise »in den Seelen erwacht«. Einem Volk, das, bisher einem schlafenden Riesen gleich, sich aufmacht, um eine Nation zu werden, entspricht auch eine Kirche, die Gemeinschaft wird, Selbstbewußtsein entwickelt und die gesellschaftlichen Verhältnisse umzugestalten beginnt.

Zur Zeit der Trennung von Kirche und Staat im Jahre 1891 zählte Brasilien 12 Diözesen. Heute sind es 230 Diözesen, 380 Bischöfe, 8000 Pfarreien und 80 000 kirchliche Basisgemeinschaften. Dies ist ein Zeichen großer Vitalität einer Kirche, die sich ihrer Sendung in einem jungen Volk bewußt wird.

2. Die kirchlichen Gemeinschaften sind in diesem Umwälzungsprozeß für den hin- und hergetriebenen Menschen Halt, Brücke und Hoffnung auf dem Weg in ein neues Leben. Die Gemeinschaft ist für den bislang in der Vereinzelung lebenden Menschen ein neues Erlebnis. Was überrascht, ist die großzügige und schöpferische Mitarbeit der Laien.

3. Die Pfarreien verstehen sich in einer mittleren Linie als »Gemeinschaft von Gemeinschaften«. Jede Gemeinschaft hat ihre Eigenständigkeit, aber auch die Verpflichtung zur Mitarbeit mit allen. Genauso wichtig wie die Anerkennung der Verschiedenheit ist das Bemühen um die Einheit. Ungegliederte, uniformistische, von einer Stelle hergeleitete Pfarreien entsprechen genausowenig den Pastoralplänen wie Gruppierungen völlig unverbundener Basisgemeinschaften. Gemeinschafts- und Pastoralräte versuchen im Alltag in die Tat umzusetzen, was von den Prinzipien der Solidarität und Subsidiarität verlangt wird. Der Priester, dem in Brasilien als »padre« im allge-

meinen eine große Hochschätzung seitens des Volkes zukommt, ist in diesem Verbund von Gemeinschaften das Zeichen der Einheit mit Christus und der Christen untereinander.

4. Es ist nicht verwunderlich, wenn in einem Kontrast-Land wie Brasilien in den Gemeinschaften und Pfarreien Polarisationen auftreten. Vielleicht 10 Prozent sind »Ritualisten« mit extrem »vertikaler« Einstellung, 10 Prozent sind »Soziologisten« mit extrem »horizontaler« Einstellung. Doch ganz sicher bemühen sich 80 Prozent im Geist des II. Vatikanischen Konzils, der Dokumente von Medellín und Puebla um katechetische, liturgische und diakonische Erneuerung.

Offenbar gelingt es der Kirche, ihr Licht und Salz, ihre Kritik und Hoffnung ins große Spiel des Lebens einzubringen. Einige versuchen es mehr von rechts, andere mehr von links, doch die überwiegende Mehrheit tut es aus der Mitte eines sich ständig erneuernden Christusglaubens heraus, der zur Präsenz drängt, als Stachel gegen die Langsamen und als Gewissen der Übereiligen. Die Kirche ist keineswegs Opium fürs Volk, sie ist Impuls und Anregung. Sie bedeutet viel für die Menschen. Sie hat Kredit beim Volk, sie ist »in«. Daß Hunderttausende von Arbeitern in São Paulo während der Arbeitsstreiks die Präsenz und Vermittlung der Bischöfe und Priester erbaten, ist ein äußerst positives Symptom. Es erklärt sich aus der Tatsache, daß die Kirche einerseits durch ihre volksnahen Priester dieses riesengroßen Landes die Geschichte des Volkes begleitet hat und heute oft die einzige Gemeinschaft ist, die entscheidend für die Benachteiligten Partei ergreift. In der Tat, sie ist Opposition, doch sollte der Staat nicht ganz unglücklich sein, eine solche Opposition zu haben. Der Papst, der Brasilien besucht hat, hat auf die Originalität der christlichen Mission in all ihren Dimensionen hingewiesen. Die Kirche hat ihren Beitrag zum

Gemeinwohl des Volkes zu leisten, sei es durch Bewußtseinsbildung, sei es durch Verteidigung der Menschenrechte, sei es durch Ausbildung oder durch Mithilfe bei der Selbst-Organisation des Volkes.
5. Die 20 Pastoralgruppen und die 4 Kolpingsfamilien unserer Pfarrei sind politisch nicht irrelevant. Die kirchlichen Gruppen haben aufgrund ihrer alltäglichen Aufbauarbeiten und ihres Beitrages zum Gemeinwohl bei kommunalen und bundesstaatlichen Stellen mehr Gewicht als rein ideologisch eingestellte Gruppen.

IV. Erfahrungen sozialer Praxis in einem katholischen Sozialverband

Der Priester Adolf Kolping führte in nur 16 Jahren 25 000 Gesellen in 418 Vereinen zusammen. Der Einsatz und das Lebensbeispiel dieses Mannes wirken weiter. Nicht von ungefähr hat Papst Johannes Paul II. die Gestalt Kolpings ein »Beispiel für die Kirche von heute« genannt und Kardinal Arns ihn als »Mann für die Dritte Welt« bezeichnet. Das Kolpingwerk habe ich erst in Brasilien entdeckt. Eines Tages, in der ersten Hälfte des Jahres 1972, besuchten zwei Vertreter dieser Organisation unsere Pfarrei. Deren Angebot, einen Rohrlegerkurs durchzuführen, kam uns gerade recht, da wir über ein Jahr lang in den Versammlungen unseres Sozialzentrums uns Gedanken darüber machten, wie auch Jugendliche und Männer in die Sozialarbeit mit einbezogen werden könnten; sie erreichte bis dahin zu 90 Prozent nur Kinder und Frauen und Kranke.
Die Obra Kolping de Brasil besteht zur Zeit aus 79 Kolpingsfamilien. Die Mitgliederzahl beträgt 8356. Im Jahre 1982 nahmen 220 000 Menschen an Kursen und Programmen teil. Als katholischer Sozialverband versucht das Kolpingwerk, vor allem in dem

Armutsgürtel der Millionenstädte und in den untersten Bevölkerungsschichten auf dem Lande, den jungen arbeitenden Menschen ganzheitlich entsprechend der Devise »Religion – Beruf – Freizeit – Familie« auszubilden und zu fördern. Alle Förderungsmaßnahmen, vom Kindergarten bis zur Berufsausbildung, von der Formierung der kleinen Selbständigen bis zur Altenarbeit, werden im größeren Zusammenhang einer Ausbildung gesehen, die von der spirituell-religiösen Dimension her motiviert ist, bei der Berufsausbildung und Aktion Hand in Hand gehen;

– einer Ausbildung, die nicht bei der einzelnen Kursteilnahme stehenbleibt, sondern der Anfang eines permanenten weiterführenden Lernprozesses sein will;
– in der die Vermittlung rein technischer Kenntnisse durch Erziehung zu Verantwortungsbewußtsein, Gestaltung des Familienlebens und Einsatz im gesellschaftlichen Leben ergänzt wird;
– die von Freizeit- und Erholungsprogrammen begleitet wird;
– einer Ausbildung, die von der Gemeinschaft mitgetragen wird;
– die als Voraussetzung für die Organisation des arbeitenden Menschen gesehen wird und damit einen Beitrag zur sozio-politischen Infrastruktur des Landes leistet.

Kolpings Maxime »Sei ein überzeugter Christ! Leiste Tüchtiges in deinem Beruf! Werde ein guter Familienvater! Sei ein verantwortungsbewußter Staatsbürger!« hinterläßt im brasilianischen Kontext ein gutes Echo. Hauptziel ist die ganzheitliche Ausbildung; diese aber ist so angesetzt, daß sie von Gemeinschaften getragen wird, die als Selbsthilfeorganisationen vor Ort, in Verbindung mit einer regionalen und nationalen Verbandsstruktur, beitragen, die Gesellschaft mitzugestalten.

Kolping wollte den sozialen Wandel durch Veränderung der Menschen bewirken. Schauen wir auf die Praxis Adolf Kolpings, so müssen wir sagen, daß die Gesinnung auch durch die Zuständereform ergänzt wurde. Kolping, der in der sittlichen Erneuerung, in der Selbsthilfe der Betroffenen und in flankierenden, subsidiären staatlichen Hilfen die Lösung der sozialen Frage sah, wollte dem jugendlichen Arbeiter drei Dinge vermitteln: einen Lebensraum, ein Lernfeld und Hilfestellung bei der Berufs- und Allgemeinausbildung. Weiterhin sind die Einrichtungen wie Krankenkasse (1850), Sparkasse (1853), Kredit- und Bürgschaftsgenossenschaften (1863), Fachabteilungen (1891) und Arbeitsnachweis (1898) Beweise dafür, daß es ihm gleichzeitig um Strukturen ging, ohne die der Mensch sich nicht ändern kann.

Eine Bewegung wie das Kolpingwerk kommt von der Sache her gut an. Das Ideal »Religion – Beruf – Freizeit – Familie« entspricht dem hiesigen Volkscharakter und auch der aktuellen historischen Situation. Die Verbindung von Bewußtseinsbildung mit Praxis und Rekreation ist eine echte Originalität und verträgt sich durchaus mit anderen Bewegungen, denen der Dienst am Nächsten ein Anliegen ist. Die meisten »Movimente« sind entweder zu »mystisch« oder zu »ideologisch«, zu »essentiell« oder zu »politisch«, zu «rekreativ« oder zu »ernst«.

Eine örtliche Kolpingsfamilie, die nach dem lebt, was sie sich vorgenommen hat, ist eine echte Basisgemeinschaft. Funktionierende Regionalverbände innerhalb der einzelnen Bundesstaaten können mehr bewirken als oft fast völlig unorganisiert auftretende Volksbewegungen. Ein Nationalverband kann zum Ansprechpartner für ähnliche Organisationen im eigenen Land und zum Ausland hin werden.

Wenn es schließlich bei der neuen, großen sozialen

Frage um die Gerechtigkeit zwischen den Gruppierungen in einem bestimmten Land und zwischen den Völkern geht, so kann ein sozial-katholischer Verband wie das Internationale Kolpingwerk mit seinen 300 000 Mitgliedern in 24 Ländern als Brücke zwischen Kirche und Gesellschaft echte Zeichen effektiver Solidarität unter den Völkern setzen.

V. Schlußfolgerungen bezüglich der transformatorischen Präsenz der Kirche in den Ländern der Dritten Welt

Ausgangspunkt ist die Tatsache der Zweiteilung der Gesellschaft, in der eine kleine, aber überreiche Elite der großen, mittellosen Masse des Volkes gegenübersteht. Wie könnte in diesem Kontext, zwischen den Extremen der gesellschaftlichen Passivität und Aggressivität, zwischen Status quo und Klassenkampf, ein Transformationsprozeß gestaltet sein, der zu einer neuen, gerechteren, menschlicheren Welt oder, um mit Papst Johannes Paul II. zu reden, zu einer »Zivilisation der Liebe« führt?
In Brasilien leben 60 bis 70 Prozent des Volkes in der Marginalisation. Sie nehmen nur in einem ganz geringen Teil an den wirtschaftlichen, sozialen und kulturellen Gütern des Landes Anteil. »Randdasein« heißt: am Rande gehalten werden; heißt ungerechter Lohn; heißt schulischen Unterricht, ärztliche Betreuung und Kredite entbehren müssen; heißt Hunger leiden und in verdreckten Baracken wohnen; heißt aufgrund ungerechter Agrarstrukturen seines Landes beraubt werden. Randdasein heißt vor allem aber, sich aus derlei Situationen nicht befreien können. Die Betroffenen können nicht frei an dem Prozeß schöpferischer Betätigung teilnehmen, der die Kultur eines Volkes bestimmt. Randdasein besagt auch: nicht über wirksame Vertretungsorgane ver-

fügen, um seine Bedürfnisse und Vorstellungen bis in die Entscheidungszentren gelangen zu lassen. Randdasein vereitelt Mitbestimmung. Randdasein heißt, die Anerkennung der Würde nicht erhalten, die Gott dem Menschen geschenkt hat (Brasilianische Bischofskonferenz 1977). Lange bestand der Glaube, die Stärkung der Mittel- und Oberschicht werde einen »Trickle-down«-, einen Durchsickerungs-Effekt zur Folge haben. Diese Erwartung hat sich nicht erfüllt.

Die Kirche weiß sich in dieser Situation aufs höchste herausgefordert. Sie ist bereit, mitzuhelfen oder zumindest zu ermöglichen, daß das Volk sich aus der Marginalsituation befreit. Der in fast allen kirchlichen Gruppierungen lebendige Wille, einen Prozeß der Umgestaltung der Verhältnisse zu beginnen, gehört zu den erfreulichsten Zeichen unserer Zeit.

Das Problem ist natürlich die Umsetzung des Sozialapostolats oder der befreienden Evangelisierung im Umfeld des Alltags und der bestehenden Verhältnisse. Die meisten Gemeinschaften und Pfarreien tun sich schwer. Die Diagnose der Wirklichkeit wird inflatorisch betrieben, die Therapie ist im Defizit, was allgemein mit der Kompliziertheit der gesellschaftlichen Verhältnisse und dem Hinweis auf die bisweilen extrem verschiedenen Stellungnahmen und Verhaltensweisen kirchlicher Gruppen entschuldigt wird.

Allein schon die Unterschiedlichkeit der Namen, die der Sozialarbeit gegeben werden, verdeutlicht einerseits das Bemühen, in angemessener Weise gegenwärtig zu sein, andererseits die Schwierigkeit, angesichts der gewaltigen Veränderungen das zu bestimmen, was der christliche Einsatz in der konkreten Situation erfordert. So wird Diakonie bisweilen als »Caridade« – Liebestätigkeit (Plano Pastoral de Emergencia 1962) bezeichnet, als »Promocâo« – Förderung der menschlichen Person (Plano Pastoral de Conjunto), als »Desenvolvimento« – Entwicklung (in den 60er Jahren), als »Libertacao« – Befreiung (Medellín 1968), als »Direitos Humanos« – Menschenrechte (70er Jahre), als »Participacao e Comnunhao« – Teilhabe und Gemeinschaft (Puebla 1979) und schließlich als »Organizacao do Povo« – Volksorganisation (80er Jahre).

Zu wenig wird eingesehen, daß gerade von den Verantwortlichen ein vertieftes Studium der Realität und der katholischen Soziallehre geleistet werden muß. Des weiteren fehlt es oft an Spürsinn für »mittlere« Linien, die zwar nicht das Optimale darstellen, aber doch einen Weg weisen, der eint und weiterhilft. Schließlich wird allzu rasch die bestehende Polarisation als Alibi hingestellt, um das eigene Engagement vorläufig zu suspendieren.

Im folgenden versuche ich, Etappen aufzuzeigen, die bei der Organisation des Volkes von unten her zu sehen und zu unterscheiden sind. Keine der angeführten Stufen darf fehlen, außer acht gelassen oder übersprungen werden. Das Nicht-Sehen und Überspringen dieser Etappen sind allzuoft Ursache von Polarisation, Frustration und Paralysation. Diese Stufen gehören weder der Vergangenheit an, noch sind sie exklusiv für die »neue Welt der Zukunft« bestimmt. Sie greifen Bestehendes auf und versuchen, tiefer liegende Ursachen der heutigen oft ungerechten Verhältnisse zu beseitigen.

1. Stufe: Diakonie als Assistenz

Der brasilianische Jugendrichter Liborni Siqueira hat 1981 auf einer Tagung in Curitiba behauptet, von den 125 Millionen seines Volkes gehörten 40 Millionen zum sog. »vierten Sozialextrakt«, d. h. zu den Notleidenden elementarster Art. Es sind

Kranke, Verwahrloste, Bettler, Geistesgestörte, Süchtige, Arbeitslose, Krüppel, Menschen, die in absolutem Elend leben. Diese Zielgruppe ist allgegenwärtig und man hat errechnet, daß es vor allem die Kirche ist, die sich dieser Menschen annimmt.

Was hilft, ist das einfache, gute, menschliche, christliche Herz, das sich rühren, aber es nicht bei den Gefühlen bewenden läßt. Beispiele geben die Schwester Zoè im Dispensarium der Armen in Rio oder die Schwester Dulce in Salvator oder viele andere Zoès und Dulces aus Ordens- und Laiengruppen. Geholfen wird mit der täglichen Suppe, mit Nahrungsmitteln, Medizin, Kleidung, Unterkunft. Entscheidend ist die Zuwendung von Mensch zu Mensch, der gute Blick und das liebe Wort, welche die rechte Tat begleiten. Sie müssen eine bleibende Dimension christlichen Dienstes sein. Zumindest in der Kirche sollte es niemanden geben, der Menschen entmutigt, die schlicht das Gute tun. Freilich ist es nötig, nicht nur Fische auszuteilen, sondern auch das Fischen zu lernen, nie aber sollte der konkrete notleidende Mensch wegen faszinierender Ideen und radikaler Förder- und Befreiungspläne übersehen werden. Zu vermeiden ist sowohl der Indifferentismus, der am notleidenden Bruder vorübergeht und sich ideologisch entschuldigt, als auch der Paternalismus, der nur gibt und nicht zur Mitarbeit herausfordert.

2. Stufe: Diakonie als Bildung

Kardinal Arns hat in einem Vortrag 1982 vor der Kongregation der Salvatorianerinnen das brasilianische kulturelle Problem als »das Allerschlimmste« bezeichnet. Praktisch kann von allen Brasilianern über 20 Jahre die Hälfte nicht lesen und schreiben. Von den Kindern und Jugendlichen erreichen nur 8 Prozent das achte, nur 20 Prozent das vierte Schuljahr. 1980 wurden von 4 Millionen schulpflichtigen Erstklässlern 1 394 000 nicht aufgenommen. Fast 50 Prozent der Kinder schaffen nicht die Hürde zum 2. Schuljahr. 3 Prozent kommen zur Universität; nur 0,3 Prozent verlassen sie. Der Staat gibt seine Mittel zu 80 Prozent für die Hochschulen und nur zu 20 Prozent für die Grundschulbildung aus. Nur 7 Prozent der erwerbsfähigen Bevölkerung haben eine Berufsausbildung. In 80 Prozent der brasilianischen Haushalte gibt es nichts Gedrucktes. Stockholm mit 900 000 Einwohnern hat genausoviel Zeitungen wie Brasilien, nämlich 1 Million pro Tag.

In dieser Lage ist eine einfache Information erster Schritt zur Bildung. Jede echte Information befreit, ermöglicht Teilnahme, bewirkt Gemeinschaft. Lektüre, Studium, Dialog, Kurse, Schulungen sind unumgänglich in einem Lernprozeß, der jeden Menschen erfassen und den ganzen Menschen in seinen intellektuellen, beruflichen, sozialen, kulturellen und spirituellen Dimensionen im Auge haben muß. Ziel ist, dem Menschen Anteil an der Kultur zu geben, die Strukturen umzugestalten, in denen er lebt.

Zu vermeiden ist sowohl der sokratische Optimismus, der vom Wissen um die Dinge alles erwartet, als auch der voluntaristische Pragmatismus, der die Praxis vergötzt und die Theorie vernachlässigt. Es ist wichtig, daß der, welcher Hilfe erfährt, auch bereit ist sich auszubilden, um sich selbst helfen zu können. Was nützt es, Fischen zu lernen, wenn der Mensch zu schwach ist, die Angel zu halten? Oder wenn er kein Geld hat, um sich eine Angel zu kaufen? Oder nicht weiß, wie er die gefangenen Fische verkaufen kann?

3. Stufe: Diakonie als gemeinsame Projektverwirklichung

In weiten Kreisen des einfachen Volkes treffen wir zwei Negativ-Tendenzen an, die »Privatheit« und die

»Passivität«. Allzu groß erscheint die Zahl derer, die für sich allein bleiben wollen und das, was in der Gesellschaft geschieht, nur durch Kommentare begleiten. Eine in Bodennähe sich ansiedelnde, im echten Sinne verändernde Pädagogik darf nicht müde werden, den Sinn für praktische Arbeit zu wecken und zur Gemeinschaftsarbeit einzuladen. Eine Gemeinschaft darf nicht bei der Bewußtseinsbildung stehenbleiben, sie muß zu gemeinsamen Aktionen kommen. Kritische Reflexion ohne Aktion bleibt wirkungslos. Aktion ohne kritische Reflexion ist blind. Aktionen, besonders gemeinsam durchgeführte Aktionen, in Form von Assistenz (für die anderen) und Bildung (mit den anderen) verwandeln Theorie in Praxis und bewirken Veränderungen von Existenzen und Strukturen.

Zu vermeiden ist sowohl der Perfektionismus, der nicht den Mut aufbringt, eine gute, wenn auch nicht vollkommene Initiative zu starten, als auch der Artifizialismus, der die Beteiligten in ihren realen Möglichkeiten nicht ernst nimmt und mit ihnen Sandkastenspiele betreibt.

4. Stufe: Diakonie als Institutionalisierung vor Ort

Wenn eine Gruppe sich im Prozeß der Bewußtseinsbildung und Projektverwirklichung stabilisiert, ist es angebracht, feste Formen von Vereinen zu schaffen. Es ist der Prozeß der Institutionalisierung einer Gruppe vor Ort, der dem Rhythmus von Reflexion und Aktion Dauer, Kontinuität und Effktivität verleiht. Institutionalisierung vor Ort heißt die Bildung eines »eingetragenen Gemeinwesens«. Dieser Prozeß ist zur Zeit in Brasilien um so wichtiger, als das Land sich anschickt, die Normalisierung der politischen Verhältnisse in einer politischen Öffnung zu betreiben. Außerdem ist es nötig, Tendenzen der Verstaatlichung des gesamten öffentlichen Lebens entgegenzuwirken. 531 Unternehmen waren 1981 in direkter Hand des Staates, der immer mehr zum Verwalter der Gesellschaft zu werden droht.

Zu vermeiden ist einerseits ein Sentimentalismus, der vor den unangenehmen, aber wichtigen Faktoren Gesetz und Legislation, Geld und Administration, Macht und Bürokratie zurückschreckt. Andererseits muß man sich heute hüten vor einem Bürokratismus, der Strukturen über das Gemeinschaftsleben, Paragraphen über die Kreativität und Spiritualität der Gruppe stellt.

5. Stufe: Diakonie als Verbandsstruktur

Ähnlich strukturierte und programmierte Gemeinwesen vor Ort schließen sich zusammen, um sich zu stärken, gemeinsame Interessen nach außen hin zu vertreten, einen größeren Wirkungskreis zu erreichen, nachhaltiger und langfristiger arbeiten zu können. Es ist eine Phase sozialen Wachstums, die weder unterbleiben noch überstürzt werden darf. Durch sie wird Bestehendes garantiert und Zukünftiges mobilisiert.

Allzuoft sind Sozialwerke, zum Beispiel in Brasilien, nicht in der Lage, sich ein Statut zu geben, sich intern zu organisieren, die nötige Registrierung zu erlangen und mit anderen gesellschaftlichen und politischen Gruppen Kontakt aufzunehmen. Sie bedürfen des Rückhaltes einer größeren, sie umgreifenden, aber sie nicht vereinnahmenden Organisation. Überhaupt sind initiativfreudige Basisgruppen ohne dynamische Zentralstellen nicht denkbar, und sie verstärken und erweitern die Gemeinschaften vor Ort.

Die kirchlichen Basisgemeinschaften sind vor allem dort entstanden, wo starke Persönlichkeiten und gut arbeitende Pfarreien und Diözesen ihre Wirksamkeit entfalteten. Außerdem erhalten sie sich nur, wenn sie von Koordinierungs- und Ausbildungssystemen begleitet sind. In diesem Sinne sind »Systeme von oben« unumgänglich. In den siebziger Jahren haben die Bischöfe des Bundesstaates São Paulo auf einem Treffen in Brodosqui, São Paulo, auf die Notwendigkeit von mittleren Strukturen oder »organismos intermediários« hingewiesen. Diese Mittler-Organisationen, welche von der Sensibilisierung bis zur Implementierung von Projekten zwischen der Basis und den offiziellen Stellen arbeiten, sind ein Gebot der Stunde. Sie bringen Leistungen der Basisgemeinschaften auf eine neue Ebene, tragen zur Bildung von sozialen Infrastrukturen bei, kanalisieren Ideen und Mittel und verschaffen Zugang zur politischen Dimension.

Auch auf dieser Ebene ist es wichtig, sich der Gefahren bewußt zu sein. Zu vermeiden sind sowohl der »Exklusivismus der Basis«, der Koordinationssysteme ablehnt und nur die Arbeit anerkennt, die vor Ort geschieht, als auch der »Zentralismus der Spitze«, der Basisgruppen zu Filialen degradiert und alle Entscheidungsbefugnisse monopolisiert.

6. Stufe: Diakonie als Partizipation

Menschen, die ihr Bewußtsein bilden, die an gemeinsamen Aktionen teilnehmen, die diesen Habitus institutionalisieren und sich in größeren Verbandsstrukturen einfügen, sind in der Lage zu partizipieren. Auch wenn in einem Land wie Brasilien Tendenzen festzustellen sind, die in Richtung »Staatskapitalismus«, »Wohlstandsfaschismus« und »Kommunismus von rechts« weisen, so darf auf der anderen Seite nicht übersehen werden, daß es für die Marginalisierten viele Möglichkeiten der Partizipation gibt. Voraussetzung jedoch für ein solches Vorgehen ist die Existenz von organisierten örtlichen und überörtlichen Gruppierungen. So können unter den »favelados« (Einwohner von Elendsvierteln) oder in den

»corticos« (überbewohnte, verfallene Häuser in Stadtgebieten) vorgenossenschaftliche Organisationsformen entstehen, um gemeinsam Probleme wie Nahrungsmitteleinkauf, Arbeitsvermittlung, Kinderbetreuung, Beschaffung von Personalpapieren, Dokumenten, Registern zu lösen. »Boisa-frias« (Tagelöhner auf dem Land) können »rocas comunitárias« (Gemeinschaftsfelder) bewirtschaften. Kleinbauern in ländlichen Gebieten sind in der Lage, sich in Produktionsgenossenschaften zusammenzuschließen. Überhaupt ist es wichtig, sich an allen bestehenden sozialen Gebilden, wie Elternbeiräten, Nachbarschaftsgruppen, Ortsvereinen, Fabrikkommissionen usf. zu beteiligen und aktiv mitzuwirken.

Diakonie als Partizipation bedient sich der zur Verfügung stehenden Mittel und Möglichkeiten; im allgemeinen beseitigt sie nicht unmittelbar tiefer liegende Ursachen, welche für oft ungerechte Situationen verantwortlich sind. Im Prozeß der Partizipation ist zu warnen einmal vor einem »Isolationismus«, der sich dann einstellt, wenn ähnliche, in einem Verband zusammengeschlossene Gruppen nur ihre Interessen verfolgen und nicht mehr das Allgemeinwohl mitbedenken; zum andern ist zu warnen vor einem »Populismus«, der im Übereifer der rasch zu vollziehenden Politisierung die Anstrengungen von Personen und Gemeinschaften nicht genügend respektiert.

7. Stufe: Diakonie als Transformation

Geht es der Partizipation um das effektive Überleben innerhalb der bestehenden Verhältnisse, so intendiert die Transformation die reale Erneuerung der bestehenden Strukturen.

In den meisten Ländern Lateinamerikas sind es kleine Oberschichten – in Brasilien vielleicht 60 000 Personen, nicht einmal 1 Prozent der Gesamtbevölkerung, welche die wirtschaftlichen, die sozialen und vor allem die politischen Verhältnisse bestimmen.

Es gibt zwar Sozialorganisationen, Gewerkschaften und Parteien, aber nur als Gründungen von oben her. Die überwiegende Mehrheit des Volkes sieht in diesen Gebilden nicht das Instrumentarium, mit dem ureigene und dringende Interessen artikuliert werden, um zu Befreiung und Partizipation zu gelangen. So ist nur wenigen verständlich, was Gewerkschaften sollen. Einer Untersuchung zufolge, die zu Beginn dieses Jahres im Auftrag der Päpstlichen Universität, der Arbeiterpastoral und der christlichen »Frente Nacional do Trabalho« von Marcelo Grondin und Maema Viezzer durchgeführt wurde, ist im Raum von Groß-São Paulo von fünf Arbeitern nur einer gewerkschaftlich organisiert.

Von den Gewerkschaftsmitgliedern beteiligen sich 52,9 Prozent an den Versammlungen. 95 Prozent wissen nicht, was mit den eingesammelten Geldern geschieht. 69,1 Prozent können keine Auskunft darüber geben, daß es innerhalb der Gewerkschaftsbewegung opponierende Gruppierungen gibt. Nur eine verschwindend kleine Minderheit weiß, wie die Listen zusammengesetzt sind, daß z. B. die Liste 1 durch das Arbeitsministerium, die Regierungspartei PDS und stalinistische Kommunisten gebildet wird und für Staatsgewerkschaften eintritt, daß die Liste 2 von der Arbeiterpartei PT, trotzkistischen Kommunisten und Mitgliedern der katholischen Arbeiterpastoral bestimmt wird und sich für freie, von unten her sich aufbauende Gewerkschaften einsetzt.

Nur 10,4 Prozent glauben, daß die Kirche der Gewerkschaftsbewegung eine bedeutende Unterstützung gibt. Ebenfalls wird die Schlüsselfigur der brasilianischen, seit 1943 dem Arbeitsministerium angeschlossenen Gewerkschaften, der von oben eingesetzte und bezahlte Funktionär, nicht in genügendem

Maße durchschaut. Er soll die Interessen der Arbeiter nicht vertreten, sondern nur beschwichtigen und wird im Arbeiterjargon »Pelego« genannt (Filzbelag zwischen dem Sattel und dem Rücken eines Last- oder Zugtieres).

Doch wenn auch der großen Masse des Volkes die wesentlichen Instrumente der Veränderung und Umgestaltung, wie es zweifellos Parteien und Gewerkschaften sind, in ihrem Aufbau, ihrer Arbeitsweise und ihrer Zielsetzung unbedeutend und unwirksam erscheint, so heißt das nicht, daß sie der Politik als der Hauptgestalterin des Gemeinwohls gegenüber skeptischer geworden ist. Im Gegenteil! Politisches Interesse, politisches Bewußtsein, politisches Engagement sind im Wachsen begriffen, vor allem in dem Sinne, daß das Volk von unten her, durch echte und aufbauende Schritte, wie Information, Ausbildung, Selbsthilfegruppen, überörtliche Zusammenschlüsse, sich mehr und mehr organisiert. Zweifelsohne ist die Entdeckung der politischen Dimension ein Novum in der Gegenwart Brasiliens, und ganz sicher ist bei dieser Entdeckung die Bildungsarbeit der Kirche nicht ganz unbeteiligt gewesen.

In dieser Lage kommt es auf eine Strategie an, in der kleinere Schritte zu zweiten und mittleren Schritten führen und diese wiederum zu großen Schritten der Veränderung. Kleine Schritte sind alle Maßnahmen der Assistenz und Hilfestellung, besonders für Menschen in Not, ebenso Bildungsveranstaltungen, von Kursen bis zu Schulungen, von Information bis zur Ausbildung, die Mitbeteiligung voraussetzen. Als mittlerer Schritt kann die Selbst-Organisation angesehen werden, sei es im Sinne einer Institutionalisierung an der Basis, sei es im Sinne einer Verbandsbildung über die Basis hinaus. Große Schritte der Veränderung erfolgen im besonderen in der sozialen und politischen Dimension. Sie werden im wesentlichen von Gewerkschaften und Parteien, die von unten her aufgebaut sind, geleistet.

Die Beseitigung oder Veränderung der Ursachen von Not aber wird nur gelingen, wenn alle zur Mitarbeit einbezogen und notwendige Maßnahmen durchgeführt werden. Politik ist das Streben nach Gemeinwohlverwirklichung. Es ist nur zu verständlich, wenn in einem Kontrastland wie Brasilien der Prozeß der politischen Willensbildung nicht in ruhigen Bahnen dahinläuft, sondern auch von extremen Positionen durchdrungen ist; diese müssen abgewehrt werden.

Abgewehrt werden muß der Marxismus, in welchem Gewand auch immer er auftritt. Insofern er die bestehenden Verhältnisse als völlig ausweglos und nicht mehr gestaltbar ansieht, die totale Substitution des gegenwärtigen sozio-politischen Modells des Kapitalismus betreibt, dabei Klassenkampf und Revolution nicht ausschließt, um die absolut neue, vom reinen Sozialismus geprägte Gesellschaft wie Phönix aus der Asche aufsteigen zu lassen, ist er abzulehnen. Sein Pathos der Totalität, verbunden mit einem Moralismus, der vom messianischen Schwung radikal Bekehrter die total neue Welt erwartet, führt im allgemeinen zu einem sich täglich steigernden Fanatismus, zu Frustration, Selbstisolierung und nicht zu einer breiteren, umfassenderen Mehrheitsbildung.

Rein ideologisch arbeitende Gruppen, die durch Polemik, Protest und Kontestation den direkten Zugang zur Macht erstreben, erreichen nicht die politische Dimension. Sie mobilisieren nicht; sie blockieren. Sie sind im Grunde reaktionär, weil sie die Prozesse stoppen und nicht vorantreiben.

Ebenso ist das System der nationalen Sicherheit zu verwerfen, welches im Status quo der bestehenden Verhältnisse die einzige Zukunftsperspektive sieht. Vertreter dieser Richtung sind nicht gegen die Beteiligung des Volkes. Aber allzu oft können an der mangelnden Ernsthaftigkeit, mit der an sich gute Programme in Bereichen wie Ernährung, Alphabetisierung, Gesundheitswesen, Bildung, Berufsvorbereitung, Förderung kleiner Selbständiger usf. eingeführt und kontrolliert werden, die wahren Interessen derer abgelesen werden, die sie angeblich für das Volk entwickeln.

Ihr Pathos, oft verbunden mit einem Integralismus, der zur Stärkung eigener Positionen religiöse und moralische Erneuerung betreibt, wird zunehmend in der Bevölkerung in seiner Unwahrhaftigkeit entlarvt.

Die einseitig systemerhaltenden Gruppierungen sind übersensibel bei der Aufspürung von Subversion, dagegen überaus nachlässig im Kampf gegen die Korruption. Ihr sind bisweilen alle Türen geöffnet, so daß es zu Störungen oder Entmutigungen kommt und nicht zu Hilfen für ein Volk, das sich aufbauen will.

Ausblick

Länder wie Brasilien sind infolge der überaus schnellen Industrialisierung von ungeheuren Veränderungen gekennzeichnet. Die alte und neue, die kleine und große soziale Frage wird ihnen zum größten Problem. Ihre Lösung kann nicht von den ideologischen Positionen des Kapitalismus und Sozialismus aus gelingen. Es bedarf eines neuen Realitätssinns, der zwischen Status quo und Klassenkampf für die Transformation als umfassende Um- und Neugestaltung auf allen Ebenen eintritt, indem er Personen, Gruppen und Parteien nicht auseinandertreibt, sondern – oft wider alle Hoffnung – zusammenführt.

Was die heutige Situation verlangt, ist das Zusammenspiel von technischer Effizienz und Selbst-Organisation des Volkes. Hier gilt es, eine neue Alternative zu entwickeln, nicht polemisierend gegen bestehende Institutionen, die letztlich für die Kontraste in der Menschheit verantwortlich sind, sondern kontinuierlich mit dem vorhandenen, bereits geläuterten Material bauend, was für die Gediegenheit des zu errichtenden Hauses garantieren könnte. Dialog, Solidarität und Partnerschaft bei der Gestaltung von Konzeption und Aktion sollten die neuen Waffen heißen.

Diese neue Sicht der Dinge, diese neue Methode, diese neue Aktion für eine neue und andere Welt könnte »*neuer sozialer Realismus*« genannt werden.

Der Anspruch, der erhoben wird, ist nicht der, ein Paradies auf Erden zu schaffen, das, wenn es einträte, nicht mehr mit den überraschenden Eingriffen Gottes und mit der schöpferischen Freiheit des Menschen rechnet. Wohl aber besteht die Forderung, jedwede chaotische Situation aus dem Wege zu räumen, welche einen Protest gegen den Schöpfergott und eine Erniedrigung und Verstellung der Menschenwürde darstellt. Worum es geht, ist die Erhaltung, Wiederherstellung oder Schaffung eines Mindestmaßes an Ordnungsstrukturen, welche die Selbstverwirklichung und Selbstbestimmung von Personen, Gruppen und Gesellschaften ermöglichen.

Kardinal Alfonso López Trujillo

Die Kirche
und das Problem der Ideologien

Eines der drückendsten Probleme heute und ganz besonders in Lateinamerika ist die Herausforderung, die die Ideologien für die Völker und für die Kirche bedeuten.

Wie bekannt, geht von Ideologien eine starke und einflußreiche Wirkung aus. Die verschiedenen Formen des Totalitarismus wurzeln in Ideologien. Diesen kommt die Aufgabe zu, die Macht zu erhalten und gleichzeitig zu festigen oder nachträglich die Hypertrophie politischer Macht zu rechtfertigen.

Es ist ein charakteristisches Merkmal der Ideologien, so wie die Lateinamerikanische Bischofskonferenz von Puebla es gesehen hat, daß sie die Wirklichkeit in ihren verschiedenen Dimensionen vollständig und umfassend aus einem Ansatz heraus erklären wollen, der im Grunde nur ein Faktor, eine der Ursachen der Wirklichkeit ist. Ein Teilaspekt gewinnt die Ausmaße des Ganzen. Dazu kommt noch die Führerrolle, die sich eine Gruppe anmaßt, auf der dann die historische Hoffnung ruhen würde. Dies ist ein weiterer Aspekt der Einseitigkeit. Der Rest der Gesellschaft bleibt verwiesen auf sekundäre Rollen und Funktionen.

Diese Form der Annäherung an den Begriff der Ideologie wurde von der Konferenz von Puebla aufgegriffen: In diesem Zusammenhang »nennen wir Ideologie ... jede Auffassung, die eine Sicht der verschiedenen Aspekte des Lebens von einer bestimmten Gesellschaftsgruppe aus bietet. Die Ideologie bringt die Bestrebungen dieser Gruppe zum Ausdruck, ruft zu einer gewissen Solidarität und zum Kampfgeist auf und bezieht ihre Legitimation aus spezifischen Werten. Jede Ideologie ist partiell, denn keine Sondergruppe kann den Anspruch erheben, daß ihre Bestrebungen mit denen der Gesamtgesellschaft identisch seien« (Nr. 535)[1].

Puebla verweist auch, weniger in theoretischer Sicht denn als durch die Erfahrung erwiesenes Faktum, auf die Neigung zum Totalitarismus, die der Ideologie innewohnt. Die Ideologien wollen Weltkonzept, Weltanschauung, »Religion« sein. Und dies ist die Aussage der Bischöfe in Puebla: »Die Ideologien tragen in sich die Tendenz, die Interessen, die sie schützen, die Sicht, die sie vertreten, und die Strategie, die sie fördern, für absolute Werte zu halten. In einem solchen Fall werden sie zu wirklichen ›Laienreligionen‹« (Nr. 536).

Dies wird auch in »Octogesima adveniens« gesagt. In dem Apostolischen Schreiben heißt es von der »Ideologie«, die sich als letzte und ausreichende Erklärung für alle Dinge versteht: »Damit schüfe man sich ein neues Idol, dessen absolutem und sich aufzwingendem Charakter man sich unterwürfe – manchmal ohne es überhaupt zu merken«[2].

Dieser Analyse fügt die III. Generalversammlung der Bischöfe zwei Beobachtungen hinzu. Die erste ist, daß den Ideologien die Versuchung innewohnt, »Personen und Institutionen zu instrumentalisieren, um in effizienter Weise ihre Ziele zu erreichen«. Die zweite bezieht sich auf den Geist, die Gedankenwelt und die erobernde, alles niederwalzende Gewalt, die die Ideologien entfalten. In der Tat besitzen die Ideologien so etwas wie einen erlöserischen Schwung, einen messianischen, auch subtilen, ansteckenden, alles einbeziehenden Impetus.

Soweit die bekannten Grundzüge der »Ideologien«, auf die hinzuweisen uns eine echte pastorale Sorge zwingt, und wie sie von jenen gesehen werden, die sich mit dem Problem eingehend befassen.

Die Bischöfe in Puebla beziehen sich auf einige Ideologien, die weltweit in Mode sind, und auf andere, die insbesondere in Lateinamerika auftreten. Wir müssen hier nicht alles wiederholen, was über den liberalen Kapitalismus gesagt wird (Nr. 542) oder über den marxistischen Kollektivismus (Nr. 543). Die Bischöfe gehen auf eine neue Ideologie ein, nämlich die der nationalen Sicherheit, und sie befassen sich auch mit einem Phänomen, das wirklich neu und besorgniserregend ist, daß nämlich die Ideologien bis ins Innere unserer Kirche eindringen konnten.

Und dies ist genau das Thema, dem ich mich zuwenden werde.

Über den marxistischen Kollektivismus sagt die Konferenz von Puebla nach reiflicher Überlegung und eingehender Darlegung ihrer Bedenken, wobei sie sich speziell auf die marxistische Analyse bezieht (Nr. 544): »Hier muß auf die Gefahr der Ideologisierung hingewiesen werden, der die theologische Reflexion ausgesetzt ist, wenn sie auf der Grundlage einer Praxis angestellt wird, die sich der marxistischen Analyse bedient. Ihre Folgen sind die völlige Politisierung der christlichen Existenz, die Auflösung der Sprache des Glaubens in der Sprache der Sozialwissenschaften und die Aushöhlung der transzendentalen Dimension der christlichen Erlösung« (Nr. 545). Wie Sie sehen werden, handelt es sich hier genau um das Gefüge von Thesen und Folgerungen, die in der Ideologie der »Volkskirche« zum Ausdruck kommen.

1. Die Ideologie der nationalen Sicherheit

Mit diesem Thema hat sich der CELAM bereits vor der Konferenz von Puebla befaßt. Man hatte darüber eine eigene Studientagung veranstaltet, deren wesentliche Ergebnisse in das Dokument von Puebla aufgenommen worden sind.

In Puebla wurden keine Bedenken erhoben gegen ein ». . . Sicherheitssystem, um einer gerechten Gesellschaftsordnung Achtung zu verschaffen, in der alle ihre Aufgaben am Gemeinwohl erfüllen können« (Nr. 548).

Von der in Lateinamerika am weitesten verbreiteten Spielart der »Doktrin der nationalen Sicherheit« sagt Puebla, daß es sich hierbei mehr um eine »Ideologie« als um eine »Doktrin« handelt (Nr. 547). Vielleicht könnte man es auch so ausdrücken, daß es hier um eine Doktrin geht, die zur Ideologie geworden ist. Die Nummern 314 und 549 erlauben diese Einschätzung. Es heißt dort: »Die Doktrin von der nationalen Sicherheit, als absolute Ideologie verstanden, läßt sich nicht in Einklang bringen mit der christlichen Sicht des Menschen . . .« (Nr. 549). Die Problematik beginnt dort, wo die »nationale Sicherheit« . . . »als das Absolute gegenüber den Menschen« dargestellt wird (Nr. 314).

Einige Elemente dieser Ideologie sind folgende:

- Diese Ideologie behauptet, daß es einen totalen Krieg gibt, in dem die Sicherheit des Staates und sogar die abendländische Zivilisation durch den Marxismus bedroht sind.
- Angesichts dieses totalen Krieges ist es notwendig, den Sieg durch Einigkeit zu erringen, die sich im Willen des Staates niederschlägt, der den Willen der Nation zum Ausdruck bringt. In diesem Zusammenhang zeigt Puebla, daß hier der Wille des Staates und jener der Nation vermischt werden (Nr. 314).
- Die Anforderungen, die aus diesem Konflikt entstehen, bestimmen und vereinnahmen den einzelnen und die gesellschaftlichen Gruppen.
- Die Führerrolle fällt einer Gruppe zu, der militäri-

schen Elite, die die Macht innehaben muß (Nr. 549). Man könnte ruhig sagen, daß es sich hier um einen Militarismus handelt, der zur permanenten politischen Notwendigkeit erhoben wird und nicht nur als eine zeitlich beschränkte Antwort auf Situationen eines Machtvakuums gesehen wird.

— In den Händen der Militärs wird wiederum die politische Macht zusammengeführt und ausgebaut. Die klassische Gewaltenteilung in Exekutive, Legislative und Justiz verschwindet mehr und mehr; das heißt, die Exekutive maßt sich in zunehmendem Maße die Macht der anderen Gewalten an. Diese Machtaufhäufung bei gesellschaftlichen Eliten und innerhalb des Staates wird von Puebla als Verabsolutierung der Macht bezeichnet. Diese »führt zu verschärfter Ungleichheit bei der Beteiligung an den Ergebnissen der Entwicklung« (Nr. 549). Natürlich werden im Rahmen der Notlage, die der totale Krieg bedeutet, auch die individuellen Freiheiten der Bürger eingeschränkt.

Im zeitlichen Abstand zu Puebla kann man folgendes sagen:

— Nicht jede Art von Militarismus ist oder führt zur Ideologie der nationalen Sicherheit. Es gibt Militärregimes, die in der Tat autoritäre und sogar diktatorische Ausprägungen annehmen können. Trotzdem führen sie nicht zu einer eigentlichen »Doktrin« oder »Ideologie«.

— Im Dokument von Puebla wird die Ideologie der nationalen Sicherheit in Verbindung gebracht mit dem kapitalistischen Modell. Das meint der Text: »Sie ist mit einem bestimmten wirtschaftlich-politischen Modell verbunden« (Nr. 547), das nach dem Muster einer aggressiven Entwicklungsdeutung und nach den Vorgaben eines »geopolitischen Handlungsmodells« funktioniert. Man dachte dabei wohl hauptsächlich an Vorstellungen, die in Brasilien von einigen Generälen ins Spiel gebracht wurden und die im Ziel einer »Supermacht Brasilien« gipfelten.

Heute muß man die Frage stellen, ob sich nicht auch in lateinamerikanischen Ländern, die vom marxistischen Sozialismus inspiriert sind, die Merkmale der Ideologie der nationalen Sicherheit finden.

Im Bezug zur Kirche zeigt diese Ideologie ihren besonders schwierigen Charakter, wenn sie sich, wie Puebla das ausdrücklich sagt, als »Verteidigung der westlich-christlichen Zivilisation« (Nr. 547) aufspielt und trotzdem ihre Positionen gegenüber der Kirche verhärtet.

Es ist klar, daß die Kirche im Namen der Wahrheit über den Menschen und als Garantin der menschlichen Würde diese Ideologie zurückweist in dem Maße, in dem diese sich absolut setzt. Schon in der Apokalypse kann man sehen, wie die Kirche sich erhebt gegen jede Verabsolutierung der Macht, eine Vergötterung, die sich gegen den Menschen wendet. Mit der christlichen Schau des Menschen kann dies nicht in Übereinstimmung gebracht werden (Nr. 549).

Die Ideologie der nationalen Sicherheit findet allerdings kaum Eingang in die Kirche selbst, weil sie das militaristische Elitekonzept überbetont und einen ausgesprochen politischen Zuschnitt hat. Im allgemeinen gelangen die integralistischen Ansätze der »Rechten«, wie man sie nennt, nicht zu einer theologischen Ausformulierung. Zumindest nicht in Lateinamerika. Wenn wir diese Ideologie, die These vom »totalen Krieg«, besonders das dialektische Freund-Feind-Schema und die daraus folgende Kriegsstrategie ablehnen, wenn auch ein naiver »Antikommunismus« nicht gebilligt werden kann, so dürfen wir uns doch nicht den Blick verstellen lassen für das Vordringen des Marxismus und Kommunismus und unsere Augen vor der geschichtlichen Entwicklung verschließen.

Während die Ideologie der nationalen Sicherheit mehr dem liberalen Kapitalismus zuzuordnen ist, gehört die allmählich wachsende Ideologie der »Volkskirche« dem Einflußbereich des Marxismus an. Und wenn die Ideologie der nationalen Sicherheit eine Ausprägung des Etatismus darstellt, der außerhalb der Kirche angesiedelt ist, so handelt es sich bei der Ideologie der »Volkskirche« um eine Erscheinung, die in der Kirche entstand und die eine besonders schwere Gefahr mit sich bringt.

2. Die Ideologie der Volkskirche

Vielleicht ist der Ausdruck »Volkskirche«[3] erst kürzlich in Europa bekannt geworden, vor allem im Zusammenhang mit dem Besuch des Hl. Vaters in Nicaragua und den ihn begleitenden Vorkommnissen. Man könnte annehmen, daß es sich hier um etwas handelt, das auf kleine Gruppen beschränkt bleibt in dem Land, das die Diktatur Somozas abgeschüttelt hat und das heute auf den Wegen einer sandinistischen Revolution voranschreitet, die eine immer deutlichere marxistische Ausprägung zeigt. Es gibt Leute, die die profanierenden Kundgebungen während der Eucharistiefeier als zufällig und einmalig darstellen möchten ohne irgendwelche größeren, dahinterstehenden Absichten. Wir Bischöfe Lateinamerikas sind aber in unserer großen Mehrzahl der Ansicht, daß die Vorkommnisse in Nicaragua nur die Spitze eines Eisbergs darstellen, dessen größter Teil noch nicht sichtbar ist.

Im August vergangenen Jahres hatte der Hl. Vater den Bischöfen in Nicaragua einen Brief zum Thema der sogenannten Volkskirche gesandt. Anfänglich durfte dieser Brief nicht veröffentlicht werden. Später aber hat man ihn neu ausgelegt, um so einer Stoßrichtung auszuweichen und seine Aussage in das glatte Gegenteil dessen zu verkehren, was der Brief mit großer Klarheit feststellt.

Papst Johannes Paul II. bezog sich auf diese »Theologie« (der »Volkskirche«) in seiner Eröffnungsrede in Puebla, als er sagte[4], daß »in einigen Fällen Mißtrauen gegenüber der sogenannten ›institutionellen‹ oder Amtskirche hervorgerufen« werde, der man nachsage, daß sie »Entfremdung« hervorbringe. »Dieser stehe eine andere Kirche gegenüber, die *Volkskirche,* deren Eigenschaft es sei, ›aus dem Volke geboren zu werden‹ und sich in den Armen zu konkretisieren.« Diese Strömungen könnten in einem Ausmaß, das nicht immer genau zu präzisieren ist, *ideologisch bedingt* sein.

Die Bischöfe haben in Puebla die Sorge aus der Sicht des Hl. Vaters aufgenommen und dabei auf ihre eigene pastorale Erfahrung zurückgreifen können. In dem Kapitel über die »Kirche, das Volk Gottes«, wo von der »Wahrheit über die Kirche« die Rede ist, heißt es: »Das Problem der ›Volkskirche‹, die aus dem Volk hervorgeht, weist verschiedene Aspekte auf. Wenn sie sich als eine Kirche versteht, die in den breiten Volksschichten des Kontinents Gestalt annehmen will und die daher aus der Antwort des Glaubens dieser Schichten an den Herrn entsteht, so wird das erste Hindernis vermieden: die offensichtliche Verneinung der Grundwahrheit, die uns lehrt, daß die Kirche stets aus einer ersten Initiative ›von oben her‹ geboren wird. Aber der Name scheint wenig glücklich gewählt zu sein. ›Die Volkskirche‹ scheint anders zu sein als jene ›andere‹, die sich mit der ›offiziellen‹ oder ›institutionellen‹ Kirche identifiziert und die man beschuldigt, ›entfremdend‹ zu sein. Dies würde eine Spaltung innerhalb der Kirche und eine unannehmbare Negierung der Aufgabe der Hierarchie bedeuten. Derartige Standpunkte könnten nach Johannes Paul II. von den ›bekannten ideologischen Positionen‹ inspiriert sein« (Nr. 263).

Sowohl der Papst wie auch die Bischöfe in Lateinamerika haben die Sorgen der Kirchenbasis aufgenommen, die durch die breiteste Befragung, die in unserem Kontinent zur Vorbereitung von Puebla durchgeführt wurde, zutage traten. Und so fand dieses Phänomen Eingang in das Vorbereitungsdokument: »Die Positionen, die sich außerhalb des organischen Körpers der Institution Kirche stellen oder sich ihm systematisch widersetzen, müssen beurteilt werden. Das gilt auch für die theoretischen Absicherungen theologischer Art, die diesen Positionen zugrunde liegen. Der Inhalt dieser theologischen Rechtfertigung nimmt manchmal die Gestalt antithetischer Formen an, die zu Stereotypen werden und die einen Gegensatz zum Ausdruck bringen wollen zwischen zwei Kirchen oder Kirchenmodellen, von denen das eine den Charakter der Volkskirche hat, die das Bild einer Kirche der Armen zeigt, und das andere, das mehr den Charakter der Institution trägt« (Vorbereitungsdokument für Puebla, Nr. 578).

Nach der Antwort der Episkopate auf das Vorbereitungsdokument wird im Arbeitsdokument für Puebla das Thema neu angegangen: »Andere sehen die Gesellschaft in einem Konflikt, der durch die existierenden Strukturen des Kapitalismus verursacht wird . . . Sie glauben, daß die ›offizielle‹ Kirche korrumpiert ist durch ihre Komplizenschaft mit den herrschenden Klassen, und sie machen sich an die Aufgabe, eine ›neue‹ Volkskirche aufzubauen. Sie entscheiden sich für den Sozialismus marxistischer Prägung und schlagen eine spezielle Theologie zur Befreiung vor, die Verbindungen hat zur marxistischen Analyse der Wirklichkeit und Auswirkungen hat auf die Christologie, die Ekklesiologie und die pastoralen Aktivitäten. Zwischen diesen beiden

Extremen gibt es weniger ausgeprägte Abstufungen und Schattierungen« (Arbeitsdokument, Nr. 181).

Das Arbeitsdokument widmet dieser Frage mehrere Nummern in Folge (Nr. 290–299). Es kommt zu dem Schluß: »Zu behaupten, daß die Kirche aus dem Volk hervorgehe, wäre nicht korrekt, wenn damit gesagt würde, daß die Kirche nur aus historisch-gesellschaftlichen Wurzeln entspringe und daß sie sich ausschließlich aus bestimmten Sektoren, Klassen oder Gruppen zusammensetze . . .« (Nr. 297). Diese Texte zeigen klar die Tendenz, die bereits vor Puebla wahrgenommen werden konnte, und sie zeigen auch die ideologischen Positionen an, auf die sich Johannes Paul II. und Puebla bezogen. Es gibt einen ausdrücklichen Zusammenhang mit der marxistischen Analyse und mit einer spezifischen Strömung der Befreiungstheologie.

Theorie und Praxis der »Volkskirche«

Meine These lautet: Die »Volkskirche« ist das Ergebnis einer der Befreiungstheologien (in ihrem theoretischen Aspekt), der »Christen für den Sozialismus« (auf dem Niveau der Praxis und in einer ersten Annäherung) und einer Entscheidung für den marxistischen Sozialismus (in einer zweiten Form der Praxis), die sich auf unserem Kontinent z. B. in der »sandinistischen« Revolution in Nicaragua ausprägt. Um noch besser erfassen zu können, wie objektiv diese Feststellung ist, genügt der Hinweis, daß die wichtigsten Vertreter meist gemeinsam in Publikationen, bei Kongressen, Aktionen etc. auftreten, und daß es im Grunde sich immer um die gleichen Personen handelt. Offensichtlich gibt es eine vollkommene Übereinstimmung der Positionen.

Was sind nun die zentralen Punkte, die eine der Strömungen der Befreiungstheologie vertritt? Insbesondere für jene in Europa, die sich um diese Fragen bemühen, ist es ganz gut, sich in Erinnerung zu rufen, was der Kern der Auseinandersetzung über die Befreiungstheologien war. In einigen Kreisen hat es Verwirrung gestiftet, wenn man sagte, daß es sich hier um eine »konkrete Theologie« handelt, die die Armen liebe und sich wirksam für sie entscheide, die die sozialen Ungerechtigkeiten anklagt und sich für die Achtung der Menschenrechte einsetzt, die gegen die Ideologie der nationalen Sicherheit kämpft, die die Erfahrung der kirchlichen Basisgemeinschaften, die sich in der Randzone klerikaler Strukturen befinden, annimmt, die den Wandel will und den Kapitalismus zurückweist usw.; und daß es andere konservativ ausgerichtete Theologien gebe – eine Position, von der aus die Befreiungstheologie bekämpft wird –, die seit Jahrhunderten mit den Mächtigen verbündet sind und den Armen den Rücken kehren, die den sozialen Fortschritt zurückweisen und bei der Verletzung der Menschenrechte mitspielen, die mit dem Militarismus und mit der Ideologie der nationalen Sicherheit sympathisieren und die, weil sie klerikal sind, die kirchlichen Basisgemeinschaften ablehnen, die sich mit dem Kapitalismus verbündet haben und am Status quo festhalten. Eine gewaltige Literatur verbreitet diese strategisch angelegte Karikierung, verwirrt Institutionen und Einzelpersonen und lenkt so die Aufmerksamkeit von den Kernpunkten der Probleme ab.

Lassen Sie mich klarstellen, daß es in der Tat eine Reihe von Sorgen und von Bestandteilen dieser Diagnose gibt, die die Bischöfe durchaus teilen. In der gebotenen Kürze: Im politischen Bereich kann man beobachten, daß es nur wenige Länder gibt, in denen ein demokratisches System besteht, und wo dies so ist, handelt es sich immer um Demokratien voller Schwächen. Die Gewaltregimes vermehren sich, und sehr häufig werden die Menschenrechte verletzt. Gewalt wird in den verschiedensten Formen angewandt. Es gibt Kleinkriege, Terrorismus und harte Unterdrückung. Im wirtschaftlichen Bereich schmerzt besonders stark die äußerst schlechte Verteilung des Reichtums, und die Kluft zwischen Reichen und Armen ist riesengroß. Die Unterentwicklung hält an und macht die Lage äußerst schwierig. Die lateinamerikanische Wirtschaft, die vor einigen Jahren noch etwas gesünder war, hat in einigen Ländern schwere Rückschläge erlitten, die durch eine fühlbare Depression verursacht wurden. Enorme Abwertungen, wachsende Arbeitslosigkeit, Rückschläge im internationalen Handel, eine relative Verminderung des Mittelstandes, das sind einige Mißstände, auf die auch wir hinweisen und die Puebla angeprangert hat. Wir können erkennen, daß dies alles seine besonderen Folgen im sozialen Bereich hat, der geprägt ist von der Ungleichheit, von der Tatsache, daß viele keine Lebenschance haben, von tiefgehenden Strukturproblemen, aufgrund derer unsere soziale Pyramide auf lange Zeit hinaus in weit voneinander getrennten sozialen »Klassen« besteht. Auch mit diesem Bild stimmen wir überein. Dies ist nicht einfach nur etwas Zufälliges, sondern die Folge von Strukturproblemen, denen man mit mutigen und tiefgehenden Reformen zu Leibe rücken muß.

Wo liegt dann aber der Unterschied in der Diagnose und im Handlungsvorschlag? Er liegt dort, wo es um die Anwednung oder Nicht-Anwendung der marxistischen Analyse geht. Dies ist der alles bestimmende Kernpunkt des Problems. Bei der Diagnose bedient sich eine dem Marxismus verpflichtete Befreiungstheologie (deren Autoren und Werke am besten in Europa bekannt sind) einer Interpretationsweise, die genau dem Konfliktschema des Klassenkampfes folgt. Nach dieser Lehrmeinung würde der Kampf sich zwischen zwei Klassen abspielen: zwischen Ausbeutern und Ausgebeuteten, Unterdrückern und Unterdrückten, zwischen der »Bourgeoisie« und dem »Proletariat«. Wenn wir diese »Tatsache« annehmen, in der im wesentlichen die marxistische Analyse zum Vorschein kommt, hätte dies notwendigerweise die Abschaffung des Privateigentums an den Produktionsmitteln und die Suche nach einem kollektivistischen Sozialismus als dem einzigen Heilmittel zur Folge. Die sozialistische Revolution ist dann die logische Überwindung des kapitalistischen Systems und der damit verbundenen ungerechten Strukturen, die das »Establishment« in unerträglicher Weise bewahren und den »Status quo« sichern möchten. Diese zur Genüge bekannte Interpretation, die ganz wesentlich der »Dependenztheorie« verbunden ist, fordert eine vorrangige Entscheidung zugunsten des »Proletariats« (die hier verwechselt wird mit der vorrangigen Entscheidung für die Armen – als ob dies das gleiche wäre!) und ein entsprechendes *politisches* Engagement.

Ablehnung der Soziallehre der Kirche

Bei all diesen nicht gerade geringen Problemen, die eine derartige Position aufwirft und die noch vergrößert werden durch unbewiesene Aussagen, die in den Rang eines Axioms erhoben werden, wird eine mißtrauische und feindselige Einstellung zur Soziallehre der Kirche offenkundig. In diesem Zusammenhang wird die Befreiungstheologie zum *Ersatz* für die Soziallehre der Kirche, der man vorwirft, sie sei eine Stütze des Kapitalismus und spiele mit ihm zusammen, und die man damit erledigen möchte.

Ganz wichtig ist nun folgende Unterscheidung: Man möchte die marxistische Analyse auf »wissenschaftlicher« Ebene akzeptieren, aber nicht die ihr zugrunde liegende Philosophie, nicht ihre marxistische »Metaphysik« übernehmen, die dem christlichen Verständnis radikal entgegengesetzt ist. Man will also den Eindruck erwecken, als ob beide Ebenen voneinander getrennt seien, um auf diese Weise es möglich zu machen, daß man als Christ zugleich Marxist sein könne.

Um diese Position zu erläutern, wird nicht untersucht, wie es sich mit der »Wissenschaftlichkeit« der marxistischen Analyse verhält, die heute bestritten wird. Man weicht systematisch der Diskussion über diese Frage aus. Man akzeptiert die Analyse als solche und ihre Anwendung, die auf der Dialektik des Klassenkampfes aufbaut. Wenn man darauf hinweist, daß die Soziallehre der Kirche eine solche Dialektik ablehnt, gilt man als etwas naiv und wird belehrt, daß es Gläubige gebe, die sich für den Marxismus entschieden haben – dies sei eine Tatsache, und das genüge. Niemand, der sich die Mühe gemacht hat, die einschlägige Literatur zu lesen und darüber nachzudenken, kann hier von Übertreibung sprechen. Vor der Entscheidung für das »Proletariat« steht eine Entscheidung, die sich den Mantel der Wissenschaftlichkeit umhängt, die aber in Wirklichkeit einen »erkenntnistheoretischen Bruch« darstellt und emotionaler Herkunft ist. Man behauptet, es gäbe nur zwei Instrumente für eine wissenschaftlich gesicherte Analyse der Wirklichkeit: das Instrument, dessen sich die strukturell-funktionalistische Soziologie bedient, und das den sozialen Konflikt nicht als Klassenkampf erkenne, und das Instrument der marxistischen Analyse, das für die Befreiung der Armen und Unterdrückten tauge. Deshalb müsse, wer für die Befreiung der Armen und Unterdrückten eintrete, dieses Instrument der marxistischen Analyse benutzen.

Konsequenzen für die Christologie und Ekklesiologie

Am schwerwiegendsten ist die Auswirkung dieser Variante der Theologie der Befreiung (die mehr eine, dazu noch fragwürdige, Soziologie ist, auch wenn sie sich als Reflexion der Wirklichkeit aus dem Glauben heraus definiert) auf der Ebene der Theologie. Die Befreiungstheologie will auf eine neue Art Theologie betreiben. Am stärksten prägt sich dies in ihrer Christologie und in ihrer Ekklesiologie aus. Hierzu meldet Puebla ernste Vorbehalte an. Die für diese Art von Befreiungstheologie typischen Themen der Christologie sind:

– Christus, »der Aufrührer von Nazareth«, hatte eine politische Verpflichtung und starb, indem er den politischen Konflikt annahm.
– Der »historische Jesus«, dem mehr Bedeutung zukommt als dem Christus des Glaubens, entscheidet sich für die Armen und gegen die Reichen.

In der Ekklesiologie kommen folgende Themen immer wieder vor:

– Die Kirche selbst leidet in ihrem Inneren unter den Auswirkungen des Klassenkampfes, sie selbst ist geteilt in Bourgeoisie und Proletariat und in jene, die sich für eine dieser beiden widerstreitenden Parteien entschließen.
– Die Kirche muß sich politisch entscheiden (jede Form der Neutralität oder der politischen Abstinenz wäre eine Illusion und eine Lüge), indem sie sich »parteilich« für die Armen, für das Proletariat entscheidet und den revolutionären Prozeß des Sozialismus annimmt.
– Die Pastoral, die in den kirchlichen Basisgemeinschaften praktiziert wird, muß politisch und gegen das »System« gerichtet sein.

Von diesem Ansatz her, wie er für diese Richtung unter den Befreiungstheologien typisch ist, wird dann praktisch die gesamte Theologie durchdrungen. Man strebt eine wesentlich neue Formulierung der theologischen Traktate an. Klar und entschieden nimmt

Puebla gegen diese Position Stellung, die auch zu einer anderen seelsorglichen Praxis führen würde.

Die »kirchliche Praxis« wird nämlich zu einer revolutionären Praxis. Und die Reflexion über die kirchliche Praxis in der Situation des versklavten Armen wird zur Reflexion über den Stil politischer Praxis, bei dem der Befreiungskampf verherrlicht wird und wo zumindest in zweideutiger Form die »Kämpfe« zur Befreiung als gut beurteilt und die Gewaltanwendung in gewisser Weise verteidigt werden. Diese Fragestellungen finden wir auch bei der »Theologie der Revolution«, obwohl man anfangs bestimmte Unterschiede zu ihr herausgestellt hat.

In dem gesamten Material, das über die verschiedenen Internationalen Treffen der »Christen für den Sozialismus« seit dem ersten Treffen im April 1972 in Santiago de Chile vorliegt, gibt es nichts, was den genannten Thesen zu widersprechen scheint. Wiederholen wir: es erscheinen immer die gleichen Führerfiguren, die gleichen Thesen. Die Bewegung der »Christen für den Sozialismus« ist die politische Ausprägung dieser Art von Befreiungstheologie. Die Bewegung ist nicht mehr nur lateinamerikanisch, sondern weltweit. Von Anfang an versuchten die »Christen für den Sozialismus« den katholischen Rahmen zu sprengen. Durch die Verbindung mit Anhängern der »Theologie der Revolution«, die einige protestantische Theologen entwickelt haben, entstand ein »ökumenisches« Geflecht von Verbindungen, das für die großen Welttreffen, für das starke Publikationspotential und für die Koordinierungsarbeit durch die Schaffung von Zentren für ökumenische Information in vielen Ländern die erforderlichen wirtschaftlichen Mitteln bereitstellte. Heutzutage zeigen die Kongresse der Anhänger der Befreiungstheologie und der Christen für den Sozialismus immer ein »ökumenisches« Gesicht. Dagegen hat der CELAM öffentlich und wiederholt beim

Weltrat der Kirchen in Genf protestiert, jedoch bisher ohne Erfolg.

Es war das Werk einiger Anhänger der Befreiungstheologie, die gleichzeitig Christen für den Sozialismus waren, daß das Konzept einer »neuen Kirche«, der »Volkskirche«, als einer »Kirche, die aus dem Volk entsteht«, geschaffen wurde. Wir haben schon darauf aufmerksam gemacht, daß es für die Befreiungstheologie unerläßlich war, auch eine »Befreiung« der Theologie vorzunehmen, was wiederum die Forderung nach einer »Befreiung« der Kirche unabdingbar machte. Das ist die »neue Kirche«, die »Kirche des Volkes« oder die sogenannte »Volkskirche«. Die hierbei verwandte Ekklesiologie unterscheidet sich in nichts von jener der Befreiungstheologen, auch wenn vielleicht zwischen dem einen oder dem anderen Autor gewisse Abstufungen bestehen mögen.

Es wäre sicher nützlich, den Einfluß auf andere kirchliche Disziplinen mit in Betracht zu ziehen, z. B. auf die Moral, auf die Liturgie usw., die in gleicher Weise die Wirkung des neuen Ansatzes verspüren. Andere Wissenschaften und Disziplinen werden ebenfalls der marxistischen Analyse unterworfen, so z. B. die Geschichtswissenschaften, die Anthropologie, die Wirtschaftswissenschaften, die Soziologie und die Politologie. Es zeigt sich hier die Auswirkung einer Gesamtsicht vom Wissen und Tun des Menschen.

In der Geschichtsphilosophie, bei der die typischen Züge des befreiungstheologischen Einflusses sichtbar werden, wird alles aus dem Blickwinkel des Klassenkampfes gesehen. Die geschichtlichen Epochen werden nach den Produktionsweisen eingeteilt, und man will eine Geschichtsschreibung nicht durch die »weiße« Hand der Ausbeuter, sondern durch die Hand der Ausgebeuteten. Die Geschichte der Kirche wird unter dem Gesichtspunkt studiert, daß sie eine

Institution sei, die »entfremdet«. Man huldigt den gegenwärtigen »Horten der Freiheit«, Kuba und Nicaragua. Wirtschaftswissenschaften und Soziologie werden zu einem guten Teil auf Versionen der »Dependenztheorie« reduziert in völliger Anlehnung an marxistische Autoren.

Es ist notwendig, daß man immer diesen globalen Ansatz vor Augen hat, der in hohem Maß mit ideologischem Gedankengut befrachtet ist, wie er auch selbst teilhat an der marxistischen Analyse.

Die »Volkskirche« des Sandinismus in Nicaragua

Was kann man heute an neuer Entwicklung sehen, die aus der völlig klaren Konvergenz von »Befreiungstheologie«, »Christen für den Sozialismus« und der »Volkskirche« unter der Schirmherrschaft des marxistischen Sandinismus entsteht? Wir wollen zuerst auf die Unterscheidung zwischen dem Sandinismus und der »Volkskirche«, wie sie sich heute in Nicaragua ausgeprägt hat, eingehen. Der Sandinismus ist eine politische Bewegung, die marxistisch ausgerichtet ist, wie man den Erklärungen seiner Vorkämpfer entnehmen kann. Er hat sich die leninistischen Lehren über die Religion zu eigen gemacht und verfolgt auch im wesentlichen Lenins Strategien. Man müßte hierzu die Antwort des Episkopats von Nicaragua auf das Dokument lesen, das der Sandinismus dieser Frage widmete.

Mit dem sandinistischen Regime arbeiten einige katholische Priester in verschiedenen Stellungen zusammen, auch Ordensmänner und Ordensfrauen, und es gibt eine größere Gruppe von Sympathisanten und aktiv Engagierten. Es gibt auch Gruppen von Katholiken, die sich der »Volkskirche« zuordnen, worüber das Buch »Nicaraguanische Theologie« und eine Reihe von Veröffentlichungen, die weit verbreitet sind, Aufschluß geben. Das Neue besteht darin, daß nach dem Sturz der Diktatur von Somoza die Anhänger der Befreiungstheologie und die »Christen für den Sozialismus« in Nicaragua ihr Zentrum politischer Macht gefunden haben und auch glauben, daß dies von Dauer sein wird. Von dieser Basis aus sind sie aktiv, verbreiten ihre Erfahrungen und starten ihre Kampagnen im übrigen Kontinent.

In Nicaragua drängen sich einige der aktiven Anhänger der Befreiungstheologie und der »Christen für den Sozialismus«, die aus den verschiedenen Ländern Lateinamerikas zusammengekommen sind, und für andere, die dort nicht bleiben können, wird Nicaragua zum Mekka für ihre häufigen Wallfahrten. Der politische Weg Nicaraguas, dessen gute Seiten sie mit Zähnen und Klauen verteidigen und dessen Irrtümer sie leugnen, wird von ihnen als Modell auch für andere Länder betrachtet. Das erklärt auch, warum man die Propaganda hochputscht und das Informationswesen ausbaut, während der Kirche die Medien der Massenkommunikation weggenommen werden und ihr jeder Zugang zu ihnen verwehrt wird. Die Lage in Nicaragua läßt uns gut beobachten, was »Volkskirche« ist und wie sie funktioniert. Früher bestand das Ganze in etwas Schrifttum und in einigen sporadischen Versuchen. Heute gibt es eine systematische Anstrengung, die offen durch eine politische Macht unterstützt wird. Wir müssen es dem Lauf der Geschichte überlassen, ob die Befürchtung wahr wird, daß die Führer der »Volkskirche« das Gerüst abgeben, das im Prozeß des Aufbaues benützt wird (in diesem Fall der Konsolidierung des politischen Systems), das dann aber später als etwas Unnützes abgeschüttelt wird.

Folgende Positionen lassen sich feststellen:

- Die Volkskirche hält an der Vereinigung von Christentum und Marxismus fest. Ihre Anhänger verstehen sich immer als marxistische Christen.

- Ihre Entscheidung lautet für eine »neue Kirche«, gegen die »Institution Kirche«. Den Bischöfen geben sie zu verstehen, daß sie ihren Ansichten und ihrem Vorgehen nicht beipflichten, da diese »kontrarevolutionär« und sogar »reaktionär« seien, obwohl die klare Haltung der Bischöfe unter der Somoza-Diktatur wohl bekannt ist.
- Sie spalten die Kirche nicht nur in ihrem theologischen Fundament, sondern auch in der Pastoral.
- Sie benützen die kirchlichen Basisgemeinschaften als politisches Instrument zur Bildung ihres revolutionären Bewußtseins und, obwohl es sich nur um wenige Gemeinschaften handelt, zensieren sie ihre Seelsorger von ihrer ideologischen Warte aus.
- Sie verhalten sich aggressiv gegenüber den Bischöfen und den Priestern und Ordensangehörigen, die ihnen treu ergeben sind, gegen den CELAM und gegen den Papst, der das sichtbare Zeichen der Einheit der Kirche ist.
- Sie schaffen eine revolutionäre Liturgie, deren Gesänge vom Klassenkampf inspiriert sind, mit den Parolen, die ein solcher revolutionärer Stil beinhaltet.
- Sie wollen die Ausbildung der Seminaristen und der Ordensleute an der »Theologie der Befreiung« ausrichten. Sie sind deshalb dabei, neue Traktate zu diesem Zweck zu erarbeiten.

Treue zum Evangelium

Wenn diese Positionen weiter bestehen bleiben, befinden wir uns in einer neuen Gnosis, die sich auf eine schmerzliche Spaltung der Kirche hinbewegt. Darauf spielte der Papst in seiner Botschaft an die Bischöfe in Nicaragua vom August vergangenen Jahres an. Er wies darauf hin, daß die Angriffe, die von außen gegen die Kirche erfolgen, diese nur stärken können, daß aber die Angriffe, die von innen kommen, sie spalten und schwächen. Die »Volkskirche« ist diese Spaltung.

Die Geschichte lehrt, daß gewisse Positionen und Lehrmeinungen erst dann in beunruhigender Weise militant werden, wenn sie das Interesse und Engagement der politischen Kräfte finden, die ihrerseits diese Positionen stützen und garantieren.

Die kirchlichen Basisgemeinschaften können, wenn man sie begreift, wie Puebla das verlangt, eine wertvolle pastorale Hilfe sein, die einer gesunden Ekklesiologie entsprechen; aber sie können auch politisiert werden, ihren Sinn verlieren und bei Verlust ihrer Identität völlig degenerieren. In Puebla wird die Arbeit der kirchlichen Basisgemeinschaften, die beginnen, »Früchte zu tragen« (Nr. 97), mit ruhigem Optimismus begrüßt, und man betrachtet sie als eine positive Erfahrung (Nr. 156). Es wird versprochen, sie zu fördern, sie zu leiten und zu begleiten (Nr. 648). Aber es wird auch mit »Evangelii nuntiandi« darauf hingewiesen, daß sie ». . . nicht einer politischen Polarisierung oder modischen Ideologien« erliegen dürfen, »wobei ihr großes menschliches Potential mißbraucht würde . . .« Es wird beklagt, »daß man an manchen Stellen aus eindeutig politischem Interesse versuchte, diese Gemeinschaften zu manipulieren und sie aus der echten Gemeinschaft mit ihren Bischöfen herauszulösen« (Nr. 98). In einigen Fällen beklagt Puebla das Fehlen des »sentire cum Ecclesia«, des rechten Sinnes für die Kirche: »Vielleicht hat es aus diesem Grunde zuweilen Mitglieder von Gemeinschaften oder ganze Gemeinschaften gegeben, die, von rein weltlichen Institutionen angezogen oder von Ideologien radikalisiert, zunehmend den echten Sinn für die Kirche verloren haben« (Nr. 630).

Anläßlich des Besuches in Brasilien hat Johannes Paul II. deutlich auf diese Gefahr hingewiesen: »Ich unterstreiche besonders die Kirchlichkeit, weil die

Gefahr, diese Dimension zu schwächen oder gar sie zugunsten anderer völlig verschwinden zu lassen, weder irreal noch weit entfernt ist, sondern sehr aktuell. Es besteht vor allem das Risiko, sich auf das Feld der Politik zu begeben ... mit Maßstäben und Zielen einer politischen Ideologie ...« (Nr. 3).

Diese Aussagen beziehen sich auf bestimmte kirchliche Basisgemeinschaften, die sich zu Keimzellen der »Volkskirche« entwickelt haben, die ihre eigene Liturgie schaffen, ihre eigene Vorstellung des sakramentalen Lebens vertreten (es gibt keinen Unterschied mehr zwischen Priestern und Laien, denn auch den Laien wird die Möglichkeit zugestanden, ohne Priesterweihe die Feier der Eucharistie zu leiten) und die den Glauben politisieren unter christlich-marxistischem Vorzeichen. Auf diesem Wege jedoch wird der Glaube zerstört; denn der Mensch kann nur einem treu sein: Gott oder der Ideologie, die wegen ihres Anspruchs auf Absolutheit viele Züge eines Götzendienstes trägt.

Die Christologie und Ekklesiologie von Puebla sind eine direkte Antwort auf die bekannten Mißbräuche und Zweideutigkeiten. So wird z. B. im ersten Kapitel die Form zurückgewiesen, in der die Verfechter der »Volkskirche« Geschichtsschreibung betreiben. Es wird gezeigt, wie die Kirche in unseren Völkern in Lateinamerika Gestalt angenommen hat und wie viele Christen sich für die Gerechtigkeit eingesetzt haben (Nr. 4 u. 8). Die Kirche ist keine Institution, die »entfremdet«.

Das Kapitel über die »Evangelisierung, Befreiung und Förderung des Menschen« ist ein glänzendes Lehrstück mit ganz bestimmter Absicht. Dort wird die Soziallehre der Kirche empfohlen zur Überwindung der Probleme und um die Macht der Ideologien zu brechen. Ganz im Gegensatz zu der Meinung, daß ihre Soziallehre Ausdruck eines Bündnisses mit den Mächtigen sei, sagt die Kirche, oberstes Ziel dieser

Soziallehre ist der Schutz der Würde des Menschen als Ebenbild Gottes und seiner unveräußerlichen Rechte; ihre Aufgabe sei die Förderung der umfassenden Befreiung des Menschen (Nr. 475).

In bezug auf die »Beurteilung der Befreiung in Christus« wird auf verschiedene Auffassungen und Anwendungsformen von »Befreiung« hingewiesen. Einige von ihnen werden zurückgewiesen (vgl. Nr. 481). Es wird festgehalten, was der eigene und eigentliche Beitrag christlicher Befreiung ist (Nr. 481), nämlich zu vermeiden, daß dieser Auftrag von ideologischen Systemen oder politischen Parteien vereinnahmt oder manipuliert wird (ebda). Insbesondere wird über die christliche Befreiung gesagt, sie bediene sich »der Mittel des Evangeliums mit ihrer besonderen Wirkkraft und greift zu keiner Art von Gewaltanwendung noch zur Dialektik des Klassenkampfes« (Nr. 486). Es wird klar unterschieden zwischen einer Befreiung auf der Grundlage einer Ideologie und jener auf der Grundlage des Evangeliums, und es wird auch gesagt, an welchen Merkmalen man sie erkennt (Nr. 489).

Auch das dornige Problem der politischen Betätigung und Führerrolle des Priesters wird behandelt: Die Hirten enthalten sich »jeglicher parteipolitischer Ideologie . . .« (Nr. 526). »Wenn sie in der Parteipolitik kämpfen würden, liefen sie Gefahr, diese absolut zu setzen und sie zu radikalisieren . . .« (Nr. 527). Von den Ordensleuten wird ein ähnliches Verhalten verlangt (Nr. 528). Mit dem Papst setzt sich Puebla für eine vorrangige Entscheidung für die Ärmsten ein, ohne dabei gesellschaftspolitischen Radikalismen nachzugeben . . . (Nr. 529). Hier sei nochmals auf die »Gefahr der Ideologisierung« hingewiesen, »der die theologische Reflexion ausgesetzt ist, wenn sie auf der Grundlage einer Praxis angestellt wird, die sich der marxistischen Analyse bedient. Ihre Folgen sind die völlige Politisierung der christlichen Existenz, die Auflösung der Sprache des Glaubens in der Sprache der Sozialwissenschaften und die Aushöhlung der transzendentalen Dimension der christlichen Erlösung« (Nr. 545).

Die in Puebla versammelten Hirten haben die schmerzliche Erscheinung der »Volkskirche« als eine Prüfung Gottes für die Kirche erkannt, damit sie daraus gestärkt in der Einheit hervorgehe und den Armen und den Völkern diene: Daher »fordern wir, ohne irgendwelche Klassenunterschiede zu machen, alle auf, sich hinter die Sache der Armen zu stellen, als ob es sich um ihre eigene Sache, nämlich die Sache Christi selbst, handelte« (Puebla, Botschaft an die Völker Lateinamerikas, Nr. 3).

[1] Die Evangelisierung Lateinamerikas in Gegenwart und Zukunft. Arbeitsdokument der III. Vollversammlung des lateinamerikanischen Episkopats in Puebla (Stimmen der Weltkirche, Nr. 8), hrsg. v. Sekretariat der Deutschen Bischofskonferenz, Bonn o. J. Nach dieser Ausgabe auch die folgenden Zitate und Hinweise.

[2] Papst Paul VI., Apostolisches Schreiben »Octogesima adveniens«, Nr. 28.

[3] Vgl. B. Kloppenburg, Die neue Volkskirche (Veröffentlichungen des Studienkreises Kirche und Befreiung, hrsg. v. F. Hengsbach u. A. López Trujillo), Aschaffenburg 1981.

[4] Ansprache auf der 3. Generalversammlung der lateinamerikanischen Bischöfe in Puebla am 28. 1. 1979, in: Predigten und Ansprachen von Papst Johannes Paul II. bei seiner Reise in die Dominikanische Republik und nach Mexiko (Verlautbarungen des Apostolischen Stuhls, Nr. 5), hrsg. v. Sekretariat der Deutschen Bischofskonferenz, Bonn o. J., S. 56 (I. 8).

Lothar Roos

Gesellschaftliche Problemfelder aus der Sicht eines europäischen katholischen Sozialwissenschaftlers

I. Sozioökonomische und politische Konturen lateinamerikanischer Gesellschaften

Was fällt einem europäischen Beobachter auf, wenn er lateinamerikanische Länder bereist? Was beeindruckt ihn besonders nachhaltig, wenn er seine Eindrücke mit Hilfe vielfältiger Literatur, mit Nachrichtensendungen und Dokumentationsberichten der Massenmedien vergleicht? Ist es überhaupt möglich, über Lateinamerika insgesamt irgend etwas auszusagen? – Wenn wir nun den Versuch machen, sozioökonomische und politische Konturen lateinamerikanischer Gesellschaften zur Sprache zu bringen, dann mit sehr vielen Vorbehalten und mit dem Bewußtsein, daß es sich dabei geradezu um ein abenteuerliches Unterfangen handelt. Jede Einzelaussage trifft in ihrem präzisen Gehalt nur auf ein bestimmtes Land zu. Aber es gibt auch gewisse Ähnlichkeiten. Schließlich dient das Ganze nicht einer exakten Tatsachenbeschreibung, sondern soll gesellschaftliche Problemfelder abstecken und aufzeigen, wo sich Fragen stellen. Außerdem werden zunächst nur jene Fakten genannt, die problematisch erscheinen, wenig geklärt sind, Nöte signalisieren, zum Nachdenken herausfordern. Daß es nicht nur Probleme, sondern auch Chancen gibt, sie zu lösen, wird zunächst noch nicht deutlich. Wir kommen aber darauf ausführlich später zu sprechen. Zunächst also nur der Versuch, sozioökonomische und politische Problemfelder zu skizzieren.

1. Marginale Landwirtschaft

Es gibt in Lateinamerika relativ große landwirtschaftliche Grenzertragsgebiete. Hierzu gehören z. B. der Nordosten Brasiliens und die Sierra Perus. Hier herrschen extreme klimatische und geologische Voraussetzungen. Es ist die Frage, ob in diesen Gebieten auf lange Sicht überhaupt noch Landwirtschaft betrieben werden kann oder soll. Landflucht ist denn auch für diese Gebiete geradezu typisch, entweder weil die wachsende Bevölkerungszahl nicht mehr ernährt werden kann oder weil man das karge Dasein gegen ein angenehmeres in anderen Regionen tauschen möchte. Die in diesen Gebieten lebende Bevölkerung ist im allgemeinen wenig gebildet (Analphabetentum). Die herrschende Sozialstruktur ist entweder die Selbstversorgungslandwirtschaft kleiner Familienbetriebe oder die Struktur des Großgrundbesitzes mit marginalisierten Landarbeitern, die nie gelernt haben, eigene unternehmerische Initative zu ergreifen.

2. Der Sog der Industriemetropolen und ihre Armutsgürtel

In denselben Ländern gibt es andererseits im Verhältnis zur Gesamtbevölkerungszahl riesige Metropolen (über $1/3$ der Gesamtbevölkerung Chiles wohnt im Großraum Santiago, ca. $1/4$ der Gesamtbevölkerung Perus im Großraum Lima). Diese Industriemetropolen, die größte ist Mexiko-City, die zweitgrößte São Paulo, üben einen ungeheuren Sog auf die marginalisierten Massen aus. Durch entsprechende Bilder in den Massenmedien vermittelt erscheinen sie als »Land der Verheißung«. Solches begünstigt die Landflucht und führt zur Bildung von in Jahresringen sich ausbreitenden Randsiedlungen von Binnenwanderern, wie man sie zum Beispiel in den »Barrios«

von Lima und Bogota, in den »Favelas« von São Paulo findet. Dort wohnen Millionen und Abermillionen von Menschen ohne ausreichende Infrastruktur, zum Teil ohne Wasser, Licht, sanitäre Anlagen, in jedem Fall aber ohne ausreichende medizinische Versorgung und genügend Bildungsmöglichkeiten. Teilweise herrscht dort eine Arbeitslosigkeit von rund 50%, was diese Gebiete zu Aufzuchtstätten der Kriminalität macht. Hinzu kommt, daß die Ungebildeten, oft körperlich schwach und geistig wenig wendigen Zuwanderer sich nur schwer in die harte Zucht der industriellen Arbeitswelt einfügen lassen.

3. Quasi-feudale Agrarstrukturen

In vielen Bereichen mit landwirtschaftlich gut nutzbaren Böden herrscht eine traditionell quasi-feudale Sozialstruktur. Vielfach anzutreffende extensive Nutzungsmethoden und geschichtlich gewachsene Faktoren haben zu dieser Sozialstruktur geführt. Die rechtliche Lage der Landarbeiter ist besonders dort prekär, wo die Entlohnung zum Teil natural erfolgt und wo nur in bestimmten saisonalen Zeiträumen Arbeit vorhanden ist, die dann zum Teil noch durch Gastarbeiter aus dem Ausland geleistet wird.

4. Zu wenig differenzierte Industrialisierung

Die insbesondere seit der Zeit nach dem 2. Weltkrieg erfolgte mehr oder weniger sprunghafte Industrialisierung in vielen lateinamerikanischen Staaten verlief zum Teil unter Zeitdruck und wenig organisch gewachsenen Voraussetzungen. Zum Teil wurden ehrgeizige Großprojekte konzipiert, deren finanzielle und ökologische Folgen zunächst nicht bedacht wurden (vergleiche das Amazonasprojekt Brasiliens, die Transamazonika, das Projekt der Kernreaktoren, der Itaipu-Staudamm, die Industrialisierung Mexikos). Nachträglich stellt sich auch die Frage, ob die jeweils richtigen Schlüsselindustrien bevorzugt wurden. Wäre es zum Beispiel nicht günstiger gewesen, in Brasilien auf die Eisenbahn statt auf das Auto als wichtigstes Verkehrsmittel zu setzen? Ehrgeizige Industrieprojekte wurden in den fünziger und sechsziger Jahren in der Hoffnung auf ständig hohe Wachstumsraten ausgelegt. Auf Grund der Ölkrise und der gesamten wirtschaftlichen Situation führte auch nur ein geringer Rückgang der erwarteten Wachstumsraten zur Überschuldung bzw. zu extremen Inflationsraten. Letztere wurden vor allem auch noch durch eine falsche staatliche Wirtschafts- und Finanzpolitik begünstigt. Auch hier zeigt sich, daß die Inflation vor allem die Armen trifft.

5. Ungleiche Verteilung des neuen Reichtums

In vielen lateinamerikanischen Ländern kam es auf Grund des Industrialisierungsprozesses zu hohen Wachstumsraten und zu erstaunlichen Zuwächsen des Bruttosozialprodukts. Gleichzeitig aber wurde die Schere zwischen einer relativ dünnen Schicht, die die Nutznießer dieses Wachstums wurden, und der großen Masse der Bevölkerung größer. Wenn man die Verteilung zwischen Arm und Reich und die entsprechenden Lebensgewohnheiten der Menschen betrachtet, so fühlt man sich zum Beispiel in Kolumbien ganz ähnlich wie in Südafrika oder wie in Deutschland des Kaiserreichs. Im Vergleich zur gegenwärtigen mitteleuropäischen Mentalität fällt besonders auf, daß die Reichen offensichtlich wenig dabei empfinden und es für ganz selbstverständlich halten, ihren Reichtum demonstrativ zur Schau zu stellen und ihn als »gottverfügt« und damit als gerecht zu betrachten. Typisch dafür sind Bilder, wie folgende: In Rio kann man auf einem einzigen Dia einen Golfplatz, eine Favela und ein Luxushotel am

Strand zusammenbringen. In den Clubs von Bogota findet niemand etwas Anstößiges dabei, wenn sich ein Golfspieler einen Diener leisten kann, der ihm das Wägelchen mit den Schlägern nachzieht.

6. Mängel der politischen Systeme

Die staatlich-politische Organisation einer ganzen Reihe lateinamerikanischer Staaten läßt sich durch folgende Stichworte beschreiben: Einer Mehrzahl autokratischer bzw. oligarchischer Regime stehen wenige Länder mit längeren demokratischen Traditionen gegenüber. Es fehlt in vielen Ländern an einer effektiven Verwaltung, die im Stande ist, bestehende Gesetze durchzuführen; Haupthindernis ist dabei partielle Korruption in allen drei klassischen Bereichen der Staatlichkeit (Legislative, Exekutive, Rechtsprechung); unter Berufung auf Erfordernisse der »nationalen Sicherheit« bilden die Armeen bzw. die Generalität in einer Reihe von Ländern eine Art »Überstaat« oder doch eine so einflußreiche Struktur, daß gegen ihren Willen nichts durchgesetzt werden kann; dem leistet die oft wenig vertrauenerweckende Geschichte der politischen Parteien Vorschub. Es herrscht weithin unter den Menschen Mißtrauen gegenüber den Parteien. Von daher liegt es geradezu nahe, daß politisch-charismatische Führer, zumal wenn es ihnen gelingt, die vorhandene Vaterlandsliebe bzw. ein ausgeprägtes nationales Bewußtsein entsprechend zu lenken, die augenfälligsten Repräsentanten politischer Macht sind. Präsidialregierungen mit oft starkem militärischem Einschlag, wenn nicht gar Militärdiktaturen, werden – besonders im Bereich Zentralamerikas und dem nördlichen Teil des Subkontinents – dadurch begünstigt, daß es eine bedeutende kommunistische Agitation gibt, die ihr Zentrum vor allem in Kuba hat. Traditionelle und aktuelle Spannungen zwischen einzelnen Staaten

(Argentinien–Chile; Chile–Peru; das Spannungsge-
füge in der Karibik) begünstigen die Tendenz zu
autokratischen und militärischen Regimen; die relativ dünne Kommunikation zwischen den Staaten
bzw. Bevölkerungen des Subkontinents begünstigt
die Desintegration und hemmt die Kooperation.

7. Weltpolitische Konstellationen

Die weltpolitische Situation Lateinamerikas stellt ein
äußerst komplexes Gefüge dar: Das Andauern bzw.
die zu langsame Überwindung der wirtschaftlichen
Ungleichheit (Klassengesellschaft) bewirkt soziale
Unzufriedenheit, die ihrerseits politische Repressio-
nen begünstigt bzw. mobilisiert (Angst der Privili-
gierten). Diese Situation provoziert ihrerseits den
Versuch der UdSSR bzw. ihrer Satelliten (Libyen!),
die Situation im Sinne ihrer Befreiungsideologie und
der darauf gerichteten propagandistischen bzw. militärischen Anstrengungen zu verstärken. Gleichzeitig
genießen die Amerikaner dank ihrer lange Zeit
wenig geschickten und wenig feinfühligen und diffe-
renzierten Südamerikapolitik wenig Ansehen. Sie
werden allenfalls als notwendige, aber kaum als
geliebte Bündnispartner bzw. Stabilisatoren angesehen. Hinzu kommt, daß die europäisch-lateinameri-
kanischen Beziehungen nicht so fruchtbar sind, wie
sie es aufgrund historischer Zusammenhänge sein
könnten. Dies hängt zum Teil mit der den wirtschaftlichen Interessen Lateinamerikas wenig günstigen
EG-Landwirtschaftspolitik zusammen (Außenzoll-
schranken!), aber auch zum Teil mit politischem
Unverständnis der europäischen Staaten für die spezifischen Probleme Lateinamerikas. Unter diesen
Aspekten kann auch der Falklandkrieg, so sehr er
von den argentinischen Militärs als völlige Fehlkal-
kulation und Torheit provoziert wurde, keineswegs
als Ruhmestat für eine besonders verständnisvolle

Politik Europas bzw. Großbritanniens im Sinne der Grundwerte westlicher Kultur bezeichnet werden. Es ist schlimm, daß es nicht gelungen ist, die Ursachen dieses Krieges rechtzeitig durch Verhandlungen so zu entschärfen, daß eine friedliche Lösung möglich gewesen wäre.

8. Schwachstellen im gesellschaftlichen Mittelbau

Hinsichtlich der inneren Strukturen lateinamerikanischer Gesellschaften könnte man von der Überlegung ausgehen, daß die humane Qualität einer Gesellschaft einerseits in der Intaktheit ihrer primären, mikrosozialen Strukturen besteht, also vor allem auf den Familien und den im Nahbereich bestehenden sozialen Beziehungskreisen gründet; sodann in der Qualität der makrosozialen Organisation im Bereich des politischen und wirtschaftlichen Gemeinwohls. Zur Vermittlung zwischen der Mikro- und der Makroebene bedarf es aber entscheidend jener mesosozialen Strukturen und Organisationen, die den Zwischenraum zwischen den Personen bzw. Personengemeinschaften und dem Staat bzw. der ökonomischen Großstruktur ausfüllen. Auf diese »corps intermedieres«, die in der katholischen Soziallehre schon immer besonders beachtet wurden, weist interessanterweise Johannes Paul II. in »Laborem exercens« ausdrücklich hin. Er spricht von »einer großen Vielfalt mittlerer Körperschaften mit wirtschaftlicher, sozialer oder kultureller Zielsetzung«, von »Körperschaften mit echter Autonomie gegenüber den öffentlichen Behörden, Körperschaften, die ihre spezifischen Ziele in ehrlicher Zusammenarbeit und mit Rücksicht auf die Forderungen des Gemeinwohls verfolgen und sich in Form und Wesen als lebensvolle Gemeinschaften erweisen, so daß sie ihre Mitglieder als Personen betrachten und behandeln und zu aktiver Teilnahme an ihrem Leben anregen« (14,7).

Die Hauptprobleme in diesem Bereich zeigen sich in Lateinamerika zum einen in der bereits erwähnten defizienten Verwurzelung der politischen Parteien im Volk. Es gibt kaum »Volksparteien«, die eine echte politische »Bewegung« darstellen würden. Allenfalls solche, die wegen ihrer »populistischen« Schlagseite (Devonisten) gerade nicht geeignet sind, die ökonomischen Probleme langfristig richtig zu lösen. Dies gilt mehr oder weniger auch für die christ-demokratischen Parteien. Sie sind in den meisten Ländern, in denen sie existieren, bestenfalls Eliteparteien, aber kaum Volksparteien. Die Chance zur Volkspartei hatten am ersten die chilenischen Christdemokraten, haben aber diese Chance wegen der unklugen Politik ihres linken Flügels, dem eine gewisse innerparteiliche Führungsschwäche Eduardo Freis entgegenkam, verspielt und dadurch die Machtergreifung Allendes begünstigt. – Ein anderer wichtiger Faktor ist die unzureichende Entwicklung auf dem Sektor der Gewerkschaften, der Genossenschaften, der Sozialverbände im Sinne etwa einer katholischen Arbeiterbewegung und ähnlicher Organisationen im Bereich der Landwirtschaft, des Handwerks, der mittelständischen Berufe, der Lehrer, im Bereich der sozialkaritativen Arbeit. Gewiß gibt es in vielen lateinamerikanischen Staaten gerade im zuletzt genannten Bereich der Schule und der Caritas beachtliche Einrichtungen, die meist von Orden und anderen kirchlichen Gemeinschaften getragen werden.
Aber diese haben zu oft nur lokale bzw. regionale Bedeutung. Der gesamte Raum zwischen den einzelnen und der staatlich organisierten Gesamtgesellschaft ist zu wenig strukturiert, um als gesellschaftliche Substrukturen Anliegen zu artikulieren, Interessen zu bündeln und wirksam in den politischen Prozeß einzubringen und andererseits die Politik durch Einrichtungen gesellschaftlicher Selbstverwaltung im Sinne des Subsidiaritätsprinzips zu entlasten. Die

Schwäche des »gesellschaftlichen Mittelbaus«, verknüpft mit ineffektiver Verwaltung und teilweise korrupter Politik, zeigt sich z. B. an Phänomenen folgender Art: In einer brasilianischen Großstadt gibt es ca. 10 000 arbeitslose Ärzte. Im Favela-Viertel derselben Großstadt gibt es überhaupt keine Ärzte; in Brasilien besteht eine pflichtmäßige Sozialversicherung für Arbeitnehmer (Kranken-, Unfall-, Altersversicherung), aber große Gruppen von Arbeitnehmern und Arbeitgebern entziehen sich in gegenseitigem Einvernehmen der Versicherungspflicht, ohne daß die Administration dies zu verhindern in der Lage wäre; ein anderes Zeichen mangelhafter mittlerer Gesellschaftsstrukturen ist eine weitgehend unterentwickelte Gewerkschaftstheorie, bei der sich wiederum »oben« und »unten« durch je spezifische Fehler die Hände reichen: von oben läßt man gerne nur Betriebsgewerkschaften zu, um die Macht der Gewerkschaften durch Zerteilung klein zu halten; von unten erzeugt man die politische Angst vor den Gewerkschaften dadurch, daß sich die Gewerkschaften ihrerseits primär um Politik kümmern, von ihr ausschließlich das Heil erwarten und sich schnell – wie im Falle »Lula« in São Paulo – auf das Roß des Parteiführers schwingen, statt sich primär um die Arbeitsbedingungen und die gerechte Entlohnung der Arbeitnehmer zu kümmern. Dies wiederum kann man ihnen allerdings nur begrenzt zum Vorwurf machen, wenn der Staat – wiederum in Mißachtung der eigenständigen Rechte der Gesellschaft – den Bereich der Wirtschaft übermäßig umfangreich oder stark in die Hand nimmt bis hin zu Quasi-Wirtschaftsdiktaturen. Es ist klar, daß im letztgenannten Fall dann auch nur der Staat als Adressat wirtschaftlicher Forderungen übrigbleibt.

9. Bevölkerungsprobleme

Schließlich ist auf bestimmte Bevölkerungsprobleme aufmerksam zu machen: Auf die oft gravierenden Unterschiede hinsichtlich der regionalen Entwicklung innerhalb desselben Landes (sehr reiche – sehr arme Provinzen); auf die Binnenwanderung, die z. T. Millionen von Menschen bewegt, aus ihren sozialen und kulturellen Beziehungskreisen sich zu entwurzeln und dabei viele mit dem Versuch mehr oder weniger scheitern läßt, eine neue Heimat zu finden; es ist hinzuweisen auf das Problem der Bevölkerungsvermehrung, das allerdings auf einige bestimmte Regionen besonders gravierender Art beschränkt ist: gerade dort, wo es am wenigsten Ernährungs- und Bildungsmöglichkeiten gibt, vermehren sich die Menschen am raschesten: in den Randgebieten der Metropolen, den Favelas und Barrios. Ein besonderes Problem stellt in diesem Zusammenhang wohl der Großraum Mexiko-City dar sowie einige dicht bevölkerte Staaten der Karibik (besonders El Salvador): Auf das Problem der Saisonarbeiter, insbesondere, wenn sie vom Ausland kommen, wurde schon hingewiesen; ferner ist die Frage der indianischen Urbevölkerung in einigen Staaten immer noch nicht ohne größere Probleme gelöst. Sie erweisen sich bei näherem Zusehen allerdings kaum als so gravierend, wie sie in bestimmten in Europa kolportierten Horrorklischees gelegentlich erscheinen; das gravierendste Bevölkerungsproblem besteht wohl in der Frage, wie in einigen Ländern die Marginalisierung einer doch relativ großen Zahl von armen und kaum ausgebildeten Menschen überwunden werden kann, so daß sie voll in das gesellschaftlich-wirtschaftlich-kulturelle Leben ihrer Länder eingegliedert werden können.

10. Wirtschaftliche Abhängigkeit

Vielleicht verwundert es, daß erst an letzter Stelle das von manchen Befreiungstheologen für so wichtig gehaltene Problem der wirtschaftlichen »Abhängigkeit« Lateinamerikas vom »Ausland«, von den »multinationalen Konzernen«, von den USA, vom »Weltkapitalismus« oder wie man sonst die Ausgeburt des Bösen nennen möchte, aufgegriffen wird. In diesem Bereich gibt es sicher mancherlei Probleme, aber man muß sie nüchtern und sachlich angehen. Zunächst zu den multinationalen Konzernen: Die Zeit, in der amerikanische Lebensmittelkonzerne ihren lateinamerikanischen Partnern die »terms of trade« diktieren konnten, liegt im großen und ganzen hinter uns; in bestimmten industriellen Bereichen ist das technische und organisatorische Know-how der »Multis«, vor allem aber deren finanzielle Risikorückversicherung unabdingbar, sofern man eine relativ schnelle industrielle Entwicklung will; wenn in manchen Ländern die »Multis« zu viel oder ungebührliche Macht entfalten, dann hängt dies entweder mit einer zu einseitig auf technische Großprojekte ausgerichteten Entwicklungspolitik dieser Staaten zusammen oder auch damit, daß sich inländische Oligarchien und ausländische Konzerne zum beiderseitigen Nutzen bereichern. Skandalös, aber wiederum letztlich hausgemacht sind die Probleme, die aus dem Anbau und Export von Rauschgiftprodukten z. B. in Kolumbien entstehen.

Sieht man von diesen – letztes Endes in administrativer Schwäche bzw. in der Korruption begründeter – Probleme ab, dann bleibt eine sicher große, aber prinzipiell durchaus nicht anormale »Abhängigkeit« vom Ausland bestehen, wie sie mehr oder weniger für alle Schwellenländer, aber auch für einen Großteil der Industriestaaten gar nicht zu umgehen ist. Zum Beispiel ist die Bundesrepublik Deutschland ein extrem vom Ausland hinsichtlich des Exports und des Imports abhängiges Land. Vielleicht könnte man sich vorstellen, daß Lateinamerika insgesamt oder auch Brasilien für sich eine wirtschaftliche Autarkie erreichen könnte. Aber es ist sehr die Frage, ob dies im Interesse Lateinamerikas wünschenswert wäre. Brasilien ist z. B. bereits jetzt ein bedeutender Exporteur in die Schwellenländer Afrikas. Argentinien stellt einen der wichtigsten Agrarexporteure der Welt dar. Eine Reihe lateinamerikanischer Staaten gehört schon heute zu unverzichtbaren Exporteuren von Rohstoffen und Halbfertigprodukten innerhalb einer arbeitsteiligen Weltwirtschaft. In einer Generation könnte Brasilien mit seinen fast unermeßlichen Bodenschätzen und einem ebenso gewaltigen Energiepotential zu den mächtigsten Industriestaaten der Welt gehören.

II. Die Entwicklung der Industriegesellschaft in Mitteleuropa und der Beitrag der christlich-sozialen Bewegung zur Lösung der sozialen Frage

Wir haben versucht, in 10 Mosaiksteinen die Konturen der sozio-ökonomischen und politischen Landschaft lateinamerikanischer Gesellschaften zu skizzieren. Wir haben dabei bewußt nur die Problemfelder, also die negativen Aspekte dargestellt. Wir wollen nun versuchen, im II. Teil unserer Überlegungen ein ähnliches Bild vom Zustand der mitteleuropäischen Gesellschaften in der ersten Phase des Industrialisierungsprozesses zu zeichnen. Wir haben dieses Gemälde überschrieben mit dem Titel: »Die uneingeschränkte kapitalistische Klassengesellschaft«. Wir wollen dann in einem zweiten Schritt dieses zweiten Kapitels die Faktoren aufzeigen, die den Weg von der kapitalistischen Klassengesellschaft zur »nivellierten Mittelstandsgesellschaft« (Helmut

Schelsky) von heute markieren. Schließlich soll drittens gefragt werden, welchen Beitrag Katholizismus und katholische Soziallehre bei der Entdeckung und Verwirklichung dieses Weges geleistet haben. Als Begründung für dieses Vorgehen sei an jenes Wort erinnert, das Weihbischof Karl-Josef Romer von Rio de Janeiro genau vor zwei Jahren anläßlich dieser Tagung äußerte, die sich damals mit der Bedeutung von Rerum novarum für unsere Zeit befaßte: Bischof Romer erklärte damals: »Für uns heute ist ›Rerum novarum‹ von ungeheurer Dringlichkeit und Aktualität. Denn die Dritte Welt befindet sich heute in einem Zustand, der weithin jener Situation entspricht, die der Papst vor neunzig Jahren in Europa vorgefunden und in seiner Enzyklika nicht nur beschrieben, sondern auch – kritisiert hat.«[1] Diese von Bischof Romer festgestellte Parallelität der Zustände führt zu der grundlegenden Frage, ob nicht die von der katholisch-sozialen Bewegung in Europa in einem mühsamen und lang andauernden Lernprozeß herausgefundenen Antworten auf die soziale Frage für die Wahrnehmung der gesellschaftlichen Verantwortung der Kirche in vielen Ländern der Dritten Welt heute eine wichtige Hilfe bedeuten könnte. Vor diesem Hintergrund ist also der folgende Versuch einer kurzen Skizzierung der Entwicklung der Industriegesellschaften in Mitteleuropa von der kapitalistischen Klassengesellschaft hin zum Ziel einer nivellierten Mittelstandsgesellschaft zu interpretieren.

1. Die uneingeschränkte kapitalistische Klassengesellschaft

Es ist ein weitverbreiteter Irrtum, der in diesem Fall auf Friedrich Engels zurückgeht (»Die Lage der arbeitenden Klasse in England« 1845 veröffentlicht), daß die soziale Frage im neunzehnten Jahrhundert als Folge der Industrialisierung entstanden sei. In Wirklichkeit ist die zwischen 1750 und 1850 zunehmende Massenarmut, die wir als »Pauperismus« bezeichnen, auf das seit 1750 beginnende Bevölkerungswachstum zurückzuführen, das es vorher in diesem Ausmaße nicht gab. 1817 hatte Deutschland 25 Millionen Einwohner, 1850 bereits 35 und 1870 40 Millionen. Die landwirtschaftliche und vorindustrielle Produktion konnte mit diesem Bevölkerungswachstum immer weniger Schritt halten. Daß durch den Prozeß der Industrialisierung in seiner ersten Phase bestimmte, im Vergleich zu der Masse der Armen aber insgesamt relativ kleine Gruppen (z. B. bestimmte Handwerker, vergleiche die Weber) zusätzlich verarmten, fiel demgegenüber nicht besonders ins Gewicht. Erst vor diesem Hintergrund wird auch verständlich, wieso die Theorie des Adam Smith, der einer durch Massenarmut geschüttelten Gesellschaft den »Wohlstand der Nationen« (The Wealth of Nations) prophezeite, einen solchen Widerhall fand und mit großer Begeisterung aufgenommen wurde. Die Erfolgsbilanz des Liberalismus war für die Zeitgenossen erstaunlich und macht auch erklärlich, warum es so schwer war, dieser erfolgreichen Theorie zu widerstehen. Die Befreiung der Wirtschaftsgesellschaft von vorindustriellen, merkantilistischen und dirigistischen Fesseln, verbunden mit den entsprechenden technischen Erfindungen, führte zu einer ungeheuren Entfaltung der Produktivkräfte. Die letzte große Hungersnot, bei der in Deutschland Zehntausende den Hungertod starben, spielte sich im Winter 1847 auf 48 ab. Dann begann die Industrialisierung den Nachholbedarf, die Unterversorgung der Bevölkerungsmassen immer besser aufzuholen. Während z. B. 1852 erst ein Drittel der Menschen in Städten wohnten, waren es 1910 bereits fast zwei Drittel. Infolge des Überangebots von Arbeitskräften und jeglichem Mangel an sozialen

Rücksichten ließ sich das »eherne Lohngesetz«, das Ferdinand Lassalle 1863 formuliert hatte, tatsächlich anwenden. Die Löhne waren genau so hoch, um die Reproduktion der Arbeitskraft zu ermöglichen, genauer genommen lagen sie darunter. Nur durch einen vierzehn- bis sechzehnstündigen Arbeitstag, durch Sonntagsarbeit, durch Arbeit von Frauen und Kindern konnte beim damaligen Lohnniveau das Überleben gesichert werden. Bismarck widersetzte sich im Deutschen Reichstag 1882 und 1884 Interpellationen, welche ein Verbot der Sonntagsarbeit zum Ziel hatten mit dem Argument, dies koste den Arbeiter 14 Prozent seines Lohnes, was er sich nicht leisten könne, und gefährde zudem die Konkurrenzfähigkeit der deutschen Wirtschaft. Die so bezeichnete Arbeitsmarktsituation ermöglichte eine ungeheuer schnelle Industrialisierung, eine Investition der Gewinne in rasantem Tempo. So wuchs der Kapitalstock der deutschen Industrie von 1850 bis 1900 von 50 auf 169 Milliarden Mark, bis zum Ausbruch des zweiten Weltkrieges hatte er 300 Milliarden Mark erreicht. Es war die Zeit der »Gründer«, der Pionierunternehmer und der großen Erfinder. »Freie Bahn dem Tüchtigen« – so hieß die Parole. Und wer Erfolg hatte, der konnte sich auf Adam Smith berufen: Das Geld sucht immer den besten Wirt! Es lohnte sich damals, Ideen zu haben, etwas zu wagen, etwas zu erfinden, unternehmerisch tätig zu sein. Und alle hatten dabei das beste Gewissen, denn die unumschränkt herrschende Theorie des ökonomischen Liberalismus war ja die wissenschaftliche Begründung dafür. Die Frage einer gerechteren Verteilung stand damals völlig im Hintergrund. Sie wurde zunächst überhaupt nicht gestellt. Es kam darauf an, zu produzieren, den Hunger zu beseitigen, das Überleben zu sichern, den Wohlstand zu mehren. Als gegen Ende des Jahrhunderts aus den Reihen der »Kathedersozialisten« die Forderung nach progressiven Einkommensteuern erhoben wurde, ging ein Schrei der Entrüstung durch die Welt der liberalen Theorie. Deshalb brachte man auch wenig Verständnis bei den Vertretern der herrschenden Theorie auf, als Leo XIII. 1891 (Rerum novarum) die kapitalistische Klassengesellschaft folgendermaßen beschrieb: »Das Kapital ist in den Händen einer geringen Zahl angehäuft, während die große Menge verarmt« (1). »Unzählige« führen »ein wahrhaft gedrücktes und unwürdiges Dasein«; man habe die Arbeiter »allmählich der Herzlosigkeit reicher Besitzer und der ungezügelten Habgier der Konkurrenz isoliert und schutzlos überantwortet;« ein »gieriger Wucher« komme hinzu. »Produktion und Handel sind fast zum Monopol von Wenigen geworden und so konnten wenige übermäßig Reiche einer Masse von Besitzlosen ein nahezu sklavisches Joch auflegen« (2). Es gelte, jener »unwürdigen Lage« ein Ende zu machen, in welche der Arbeiterstand »durch den Eigennutz und die Hartherzigkeit von Arbeitgebern versetzt ist, welche die Arbeiter maßlos ausbeuten und sie nicht wie Menschen, sondern als Sachen behandeln« (33); schließlich spricht er von den »zwei Klassen«, die »eine ungeheure Kluft voneinander trennt. Auf der einen Seite eine überreiche Partei, welche Industrie und Markt völlig beherrscht, und weil sie Träger aller Unternehmungen, Nerv aller gewinnbringenden Tätigkeiten ist, nicht bloß pekuniär sich immer stärker bereichert, sondern auch in staatlichen Dingen zu einer einflußreichen Beteiligung mehr und mehr gelangt« (35).

2. Die kapitalistische Klassengesellschaft auf dem Weg zur »nivellierten Mittelstandsgesellschaft«

Wir haben in wenigen Strichen die uneingeschränkte kapitalistische Klassengesellschaft gezeichnet. Es gelang ihr in einem erstaunlichen Ausmaß und schnellem Tempo, die vorindustrielle Unterversorgung der Bevölkerung zu beenden und die Produktivkräfte zu befreien. Sie tat dies auf der Basis von Minimallöhnen und den daraus beschriebenen Folgen für die breite Masse der Arbeiterschaft. Die Menschen mußten zwar nicht mehr verhungern, auch nicht in der Zeit der großen Weltwirtschaftskrise 1929–30, während der es in Deutschland ca. 44 Prozent Arbeitslose (= 6,5 Millionen) gab, aber von einer »gerechten Verteilung« der erwirtschafteten Güter und der wirtschaftlichen Macht konnte keine Rede sein. Es dürfte auch nicht schwer fallen, in der damaligen Beschreibung der kapitalistischen Klassengesellschaft, wie sie Leo XIII. vornimmt, viele Ähnlichkeiten mit bestimmten heutigen lateinamerikanischen Gesellschaften zu finden. Um aus dieser Feststellung die richtigen Konsequenzen zu ziehen, ist nun zu skizzieren, welche Faktoren dafür ausschlaggebend waren, daß sich die so beschriebenen kapitalistischen Klassengesellschaften Europas einem Wandlungsprozeß öffneten, an dessen Ende zumindest als Ziel, weitgehend aber auch als Wirklichkeit mehr oder weniger das steht, was Helmut Schelsky die »nivellierte Mittelstandsgesellschaft« genannt hat. Wir zählen diese Faktoren jetzt etwas summarisch auf, ohne im Einzelnen darauf einzugehen, welche geistigen Väter jeweils dahinter stehen:

a) Die Kaufkrafttheorie des Lohnes: Weitsichtige Kapitalisten erkannten früh das, was man heute »Kaufkrafttheorie« des Lohnes nennt. Wenn es der Industriegesellschaft gelungen ist, das vorhandene Produktionsdefizit soweit aufzufüllen, daß die Existenzbedürfnisse der Menschen erfüllt sind, dann können weitergehende Kultur- oder Luxusbedürfnisse nur erfüllt werden, wenn die »Massenkaufkraft« entsprechend steigt. Dies erkannte z. B. Henri Ford, deshalb versuchte er, gute Löhne zu zahlen und billige Autos zu bauen und begründete so das Industrieimperium von Detroit. Wenn heute in Brasilien jährlich ca. 1 Million Kraftfahrzeuge abgesetzt werden, dann sieht man bereits daran, daß dieses Land den Zustand der uneingeschränkten kapitalistischen Klassengesellschaft überschritten hat. Proletarier können keine Autos kaufen.

b) Formen genossenschaftlicher Selbsthilfe: Neben dieser Einsicht »von oben« waren es zunächst unterschiedliche und vielfältige Unternehmungen genossenschaftlicher Selbsthilfe »von unten«, die den wirtschaftlichen Zustand breiter Bevölkerungskreise verbesserten. Hier sind besonders in Deutschland im Bereich des landwirtschaftlichen Genossenschaftswesens wichtige Basiserfahrungen gemacht worden. Die Genossenschaftsidee hat aber auch bald die Arbeiterbewegung erfaßt. In ihren Anfängen war sie weithin genossenschaftlich ausgerichtet. So kann man z. B. gut beobachten, wie nach dem Erscheinen der Enzyklika Rerum novarum in Belgien eine breite, christlich motivierte Arbeiterbewegung entstand, die in großem Umfang nicht nur aktuelle Notfälle ihrer Mitglieder solidarisch abfing, sondern die im Bereich der Einkaufsgenossenschaft (Konsumgenossenschaften) und vor allem im Bereich einer genossenschaftlich organisierten Sozialversicherung die grundlegenden Risiken der Krankheit, des Unfalls, des Alters solidarisch absicherte. Wichtig ist auch, daß von Anfang an die Arbeiterbildung ein Ziel genossenschaftlicher Zusammenschlüsse war, Arbeiterbildung im weitesten Sinn: Schulausbildung, berufliche Qualifikation, Ausbildung in sozialen und öffentlichen Fragen.

c) Arbeiterbewegung und Gewerkschaften: Davon zum Teil unabhängig, zum Teil aber auch auf derselben Linie sich bewegend entstand die Gewerkschaftsbewegung. Zunächst in Großbritannien in der Gestalt der »Trade Unions«, dann in Europa, allerdings durch die inzwischen erfolgte Ideologisierung der beginnenden Arbeiterbewegung von seiten des marxistischen Sozialismus, in weltanschauliche Richtungsgewerkschaften auseinandertretend. Hier scheint mir ein besonderer Hinweis angebracht: Gerade weil die Gewerkschaften zunächst entweder politisch verboten waren oder aber doch wegen der herrschenden politischen Verhältnisse sich im Raum der Politik überhaupt keinen Einfluß erhoffen konnten, konzentrierten sie sich gezwungenermaßen auf die Basis in den Unternehmen und auf jene Aufgaben, die sie zu einer wirklichen gesellschaftlichen und nicht primär politischen Bewegung machten: auf die kartellmäßige Zusammenfassung der Arbeitskraft auf dem Markt und der darauf begründeten Macht, Tarifverträge abschließen und sie mit Hilfe des Mittels des Streiks auch durchsetzen zu können. Die volle gesellschaftliche Anerkennung der Gewerkschaften erfolgte in Deutschland im Gefolge des 1. Weltkriegs.

d) Betriebs- und Unternehmensverfassung: Ein vierter eigenständiger Faktor, der ein wesentlicher Baustein für die Lösung der sozialen Frage darstellte, ist der Gedanke der Betriebsverfassung. Eine wichtige Pilotfunktion dafür hatte der von dem Mönchengladbacher Tuchfabrikanten Franz Brandts 1880 gegründete Verband »Arbeiterwohl«, dessen erster Generalsekretär Franz Hitze wurde, der spätere maßgebliche Sozialpolitiker des Zentrums im Kaiserreich und erster Lehrstuhlinhaber für das Fach Christliche Gesellschaftslehre 1893 in Münster. Was Franz Brandts mit seiner »Fabrikordnung« und den darin vorgesehenen Arbeiterausschüssen exemplarisch bahnbrechend und von den meisten seiner Kollegen abgelehnt oder belächelt durchgeführt hatte, das wurde im Betriebsrätegesetz vom 18. Januar 1920 zu einem wichtigen Bestandteil einer Betriebsverfassung, bei der die Arbeit ihren »Waren-Charakter« verlor und die Rechte des arbeitenden Menschen abgesichert werden sollten. Der Betriebsrat ist ein Organ der Belegschaft, nicht der Gewerkschaften, obwohl er selbstverständlich mit diesen, aber auch mit der Unternehmensleitung vertrauensvoll zusammenzuarbeiten hat. Es wird international viel zu wenig beachtet, wie gerade der Gedanke der Betriebsverfassung und die durch die Betriebsräte ausgeübten Mitsprache- und Mitbestimmungsrechte im Bereich der personellen, sozialen und zum Teil auch wirtschaftlichen Angelegenheiten des Unternehmens das Entfremdungsphänomen wesentlich abgebaut haben und dadurch die kapitalistische Klassengesellschaft von unten her grundlegend korrigiert werden konnte.

e) Der Weg der Sozialpolitik: Als Schlußstein bei der Überwindung der kapitalistischen Klassengesellschaft ist in den mitteleuropäischen Staaten die aus vielen gesellschaftlichen Initiativen, aber auch aus echtem politischen Wollen heraus entwickelte Sozialpolitik anzusehen. Sie begann in Deutschland offiziell Gestalt zu gewinnen mit der »Kaiserlichen Botschaft« vom 17. November 1891. Ihre wichtigsten Komponenten sind der Ausbau einer Arbeiterschutzgesetzgebung, die Einrichtung der öffentlich-rechtlichen Sozialversicherung zur Absicherung der Risiken des Unfalls, der Krankheit, des Alters und der Arbeitslosigkeit; der Ausbau des kollektiven Arbeitsrechts mit der Koalitionsfreiheit und dem Streikrecht als Grundelementen und dem Tarifvertragsrecht als quasi öffentlichem Recht, das den beiden Tarifpartnern vom Staat treuhänderisch übergeben wurde; das individuelle Arbeitsrecht, das bereits seit 1890 zu sog. »Gewerbegerichten« führte und das inzwischen zu einer weit ausgebauten Arbeitsgerichtsbarkeit ausgebaut wurde, in der Arbeitgeber und Arbeitnehmer durch ihre Vertreter paritätisch an der Rechtsprechung mitwirken. Besonders wichtig erscheint hier, daß über die sog. »Drittwirkung« die verfassungsmäßigen Grundrechte auch innerhalb der Arbeitswelt unmittelbar geltendes Recht sind und Verstöße gegen sie eingeklagt werden können. Die Begründung des individuellen Arbeitsrechts wird von Franz Gamillscheg prägnant durch den Satz formuliert: »Dort, wo der Arbeitgeber oder andere am Arbeitsleben beteiligte Kräfte eine sog. soziale Machtstellung ausüben, dort müßten wir sie auf die konkrete Ausübung dieser sozialen Machtstellung hin kontrollieren dürfen«.[2]

Zusammenfassend läßt sich feststellen: In einem langen Reifungsprozeß, bei dem mancherlei Fehlversuche und Irrtümer zu überwinden waren, entwickelte sich allmählich ein Bündel von Ansätzen zur Lösung der sozialen Frage, das in einer Kombination der fünf genannten Wege besteht. Insbesondere ist dabei wichtig, daß sowohl genossenschaftliche, im weitesten Sinn gesellschaftliche Initiativen von unten wie politische und makro-ökonomische Bemühungen von oben zusammenwirkten, um den klassischen Kapitalismus zu überwinden und eine Gesellschaft allmählich zu entwickeln, zu der auch die große Masse der arbeitenden Menschen grundsätzlich Ja sagen kann, weil sie sich darin – trotz aller Vorbehalte, die es immer geben wird – grundsätzlich gerecht behandelt fühlt. Daß die entsprechenden Industriegesellschaften Mitteleuropas inzwischen auch von der breiten Mehrheit der Arbeitnehmer in diesem Sinne bejaht werden, läßt sich ohne weiteres empirisch feststellen. Damit ist zugleich der Beweis erbracht, daß es jenseits des Antagonismus zwischen einem sterilen Kapitalismus und einem nicht weniger menschenfeindlichen Kollektivismus einen »dritten

Weg« gibt, der in einer freiheitlichen, auf unveräußerlichen Menschenrechten beruhenden Gesamtgesellschaft fußend, auch den Gegensatz bzw. die Spannungen zwischen Arbeit und Kapital insoweit zu überwinden vermag, daß im Endergebnis das Ziel einer »nivellierten Mittelstandsgesellschaft« durchaus nicht mehr Utopie, sondern bereits weitgehend erreicht ist. Damit stellt sich aber zugleich die Frage, welche geistigen Wirkkräfte diese allmähliche Domestizierung des Kapitalismus ermöglichten und welchen spezifischen Beitrag dabei der Katholizismus bzw. die katholische Soziallehre geleistet haben. Dieser Frage wollen wir uns nun zuwenden[3].

3. Der Beitrag des Katholizismus und der katholischen Soziallehre zur Überwindung der Klassengesellschaft

Wenn wir nun nach dem Beitrag des (deutschen) Katholizismus und der katholischen Soziallehre zur Überwindung der Klassengesellschaft, wie wir sie eben beschrieben haben, fragen, dann tun wir dies mit folgendem Hintergedanken: Könnte die geschichtliche Entfaltung und die Eigenart dieses Beitrags eventuell dafür hilfreich bzw. aufschlußreich sein, wie die Kirche heute in Lateinamerika ihren Beitrag zu einer Humanisierung der dortigen sozioökonomischen und politischen Gesellschaftsstrukturen leisten könnte? – Die Analogie zur heutigen Situation in Lateinamerika drängt sich – bei aller Unterschiedlichkeit der Sachlage – schon hinsichtlich der Ausgangsposition geradezu auf: In Lateinamerika gab es – grob gesprochen – vor der Konferenz von Medellín (1968) keinen durchgreifenden Versuch, die Probleme einer werdenden Industriegesellschaft hinsichtlich ihrer politischen und ökonomischen Strukturen mit Hilfe einer ins Gewicht fallenden christlich – sozialen Bewegung und einer dazu notwendigen katholischen Soziallehre anzugehen. Genau diese traf auch auf den europäischen bzw. deutschen Katholizismus am Beginn der Industriegesellschaft in Europa zu. Die Kirche war aufgrund der Säkularisierung verarmt und an den gesellschaftlichen Rand gedrängt, sie wurde von den herrschenden liberalistischen Geistesströmungen als geistig inferior eingestuft, und sie stand, wie es Clemens Bauer formuliert hat, »der neuen kapitalistischen Wirklichkeit des 19. Jahrhunderts gegenüber ohne ein bereits adäquat neu formuliertes Sozialideal«[4] da. Dies war die Ausgangssituation, die insgesamt wenig verheißungsvoll aussah. Nun aber ereignet sich etwas, das man damals wohl kaum für möglich gehalten hätte und was Clemens Bauer rückblickend folgendermaßen beschreibt: Es kommt nicht nur zu einer innerkirchlichen Regeneration und Erneuerung im Verlauf des 19. Jahrhunderts, sondern mit Leo XIII., dessen Ideen in Deutschland weitgehend durch Bischof Ketteler befruchtet wurden, beginnt eine »systematische« Erneuerung der kirchlichen Soziallehre, aus der eine katholisch-soziale Bewegung erwächst, mit deren Hilfe die Kirche Schritt für Schritt in die moderne Gesellschaft zurückkehrt und allmählich dort wieder einen soziologisch »festen Platz« findet[5].

Voraussetzung dafür war zunächst eine grundlegende theologische Weichenstellung, aus der sich dann die entsprechenden praktischen Konsequenzen ergaben. Beides soll nun kurz skizziert werden:

a) Die theologisch und sozialethisch entscheidende Weichenstellung: Was lag in der eben beschriebenen Situation für den Katholizismus des 19. Jahrhunderts näher, als sich auf die – durch die Brille der Romantik verklärte – »heile Welt« des Mittelalters zu besinnen und die Lösung der sozialen Probleme von einer kompromißlos antikapitalistischen Ständegesellschaft zu erhoffen? Und was war – zumindest für den Glaubenden – plausibler als die Letztursache aller gesellschaftlicher Übel im Abfall vom Christentum zu suchen? Und beide Antworten wurden auch tatsächlich gegeben und eingehend theologisch begründet, wobei die Begründungen sogar weithin zutrafen: denn die mittelalterlich-neuzeitliche Ständegesellschaft kannte tatsächlich mehr »eingebaute« Solidarität, war also »strukturell« solidarischer als die liberale Gesellschaft atomisierter Individuen. Und hätte man alle Gebote des Christentums beachtet, wäre sicher sozial und politisch vieles nicht so schlimm gekommen. Und in der Tat wurde diese kompromißlos antikapitalistische Grundlinie auch vertreten. Vor allem von den »Historisch-Politischen Blättern« unter der Redaktion von Joseph Edmund Jörg (seit 1862) und Friedrich Pilgram. In der unmittelbaren Vorbereitungsphase von Rerum novarum erhielt diese Richtung neue Impulse und mächtigen Auftrieb durch die starke Persönlichkeit eines Karl von Vogelsang, der ab 1875 in Wien eine reiche publizistische Tätigkeit entfaltete. Vogelsang lehnte das privatwirtschaftliche Gewinnstreben und im gewissen Umfang das individuelle Leistungsprinzip ab und sah die Lösung der sozialen Frage in einer öffentlich-rechtlich verfaßten »berufsständischen Ordnung« mit einem sozialen Königtum an der Spitze. Diese Vorstellungen fanden im damaligen Sozialkatholizismus großen Widerhall und haben auch den jungen Franz Hitze tief beeindruckt.

Die innerkatholische Alternative zu dem eben skizzierten Weg läßt sich historisch ziemlich exakt festmachen. Sie verläuft in Deutschland über Bischof Ketteler und dessen Wiederentdeckung der Naturrechtslehre des Thomas von Aquin. Den eigentlichen erkenntnistheoretischen Durchbruch leistete Georg von Hertling in seiner Auseinandersetzung mit dem jungen Franz Hitze anfang der achtziger Jahre. Er wies die Meinung zurück, daß die moderne kapitalistische Wirtschaftsweise eine »Erfindung des Teufels« sein. Auch könne man weder aus der Offenbarung noch aus dem Naturrecht eine für immer gültige Sozial- oder Wirtschaftsordnung herauslesen, sondern nur ein Menschenbild, ihm entsprechende Sozialprinzipien und damit verbundene grundsätzliche Aussagen über die Ordnung der Gesellschaft. Daß Leo XIII. in Rerum novarum im wesentlichen dieser und nicht der zuerst gezeichneten Linie folgte, kann als die entscheidende Weichenstellung im Hinblick auf die Entwicklung einer modernen katholischen Soziallehre angesehen werden. Lange Zeit aber blieben der »Medioevalismus« (Clemens Bauer) und der »Integralismus« entscheidende Hemmnisse für eine sachgerechte Beurteilung der sozioökonomischen Probleme durch weite Teile des frühen Sozialkatholizismus. In diesen damaligen »Befreiungstheologien« wurde die – wie wir heute mit dem II. Vatikanischen Konzil sagen können – »relevative Autonomie« der Kultursachbereiche nicht genügend ernst genommen. Erst die Wiederentdeckung und konsequente Anwendung des thomistischen Naturrechtsdenkens vermag die Abgrenzung zwischen sozialer Theologie einerseits und der Sozialphilosophie und der Sozialwissenschaften andererseits zu leisten und damit die moderne katholische Soziallehre auf den Weg zu bringen. So wurde der Weg der Unterscheidung, wie ihn Albertus Magnus und Thomas von Aquin bereits im Hochmittelalter grundgelegt hatten, im Blick auf die Lösung der »sozialen Frage« freigelegt: Die Unterscheidung z. B. zwischen den Mängeln und den zutreffenden Einsichten der liberalen Theorie, zwischen einem kollektivistischen »Staatssozialismus« und einer an der Menschenwürde orientierten staatlichen Sozialpolitik, vor allem aber zwischen dem, was *theologisch* zu fordern und zu begründen ist und dem, was Sache der Philosophie bzw. der Sozialwissenschaften darstellt. Dieser Klärungsprozeß verlief nicht ohne Kämpfe und Spannungen, wie etwa der »Deutsche Gewerkschaftsstreit« zwischen 1900 und 1912 (Integralismus!) und die sich zum Teil bis nach »Quadragesimo anno« hinziehenden Auseinandersetzungen mit universalistischen und ständestaatlichen Ideen innerhalb des Katholizismus zeigen. Diese Weichenstellung war schlechthin entscheidend und ist es bis auf den heutigen Tag geblieben.

b) Die praktischen Konsequenzen: Auf der damit gewonnenen theoretischen Basis konnte der Sozialkatholizismus, vor allem nun zusätzlich angeregt und motiviert durch Rerum novarum, daran gehen, seinen Beitrag zur Überwindung des »freien« Kapitalismus einzubringen und seinen Beitrag zur Lösung der sozialen Frage zu leisten. Die katholisch-soziale und die katholisch-politische Bewegung entstand. Der Kampf der Kirche für Freiheit im Staat und die kulturpolitische Abwehr des Liberalismus verband sich fast nahtlos mit dem Einsatz zur Lösung der sozialen Frage. Hier wurde zunächst – historisch bedingt – der Weg »von unten« gewählt. Genau genommen wurde er nicht gewählt, sondern er blieb als einziger übrig. Dabei ist organisationssoziologisch und ekklesiologisch besonders aufschlußreich, wie die *pastoralen* kirchlichen Strukturen sogleich die Basis für die *soziale* Wirksamkeit der Kirche waren. Eine Schlüsselstellung kommt dabei dem katholischen Klerus zu. Im »Gesellenverein« Kolpings, in den Arbeitervereinen Kettelers und Franz Hitzes, insbesondere aber im »Volksverein für das katholische Deutschland«, der 1890 hier in Mönchengladbach begründet wurde, spielen viele sozial aufgeschlossene und gut ausgebildete Priester – damals oft als »rote Kapläne« tituliert, eine tragende Rolle.

(Bismarck nannte Franz Hitze einen »agitierenden Kaplan«.) Der große Vorteil der katholisch-sozialen Bewegung vor allem im Kaiserreich und in der Weimarer Republik war ihre pfarrliche Basis, mit der auch der Verbandskatholizismus durch die geistlichen »Präsides« rückgekoppelt war. Daß damit zugleich die Gefahr des Klerikalismus gegeben war, ist unbestritten. Es ist jedoch ein historisch insgesamt zutreffender Eindruck, daß man dieser Gefahr nicht erlag. Vielmehr wurde die katholisch-soziale Bewegung seit ihrem Entstehen in den achtziger Jahren und vor allem in der Weimarer Republik geradezu die Schule eines den Spielraum der »relativen Eigengesetzlichkeit« der Kultursachbereiche voll ausfüllenden Laienkatholizismus, ohne daß deswegen die Rückbindung an die kirchliche Lehre in prinzipiellen Fragen tangiert worden wäre. Insbesondere wurde wichtig, daß durch den »Volksverein für das katholische Deutschland« eine praktisch den gesamten Katholizismus erfassende soziale und politische wie auch kirchlich religiöse Bildungsbewegung entstand, die langfristig die Voraussetzungen für die Rückkehr der Kirche in die moderne Gesellschaft auch im Bereich der sozialen und politischen Fragen ermöglichte.

Der zweite wesentliche Ansatzpunkt, über den der Katholizismus seine gesellschaftliche Verantwortung einbrachte, war die Sozialpolitik. Hier kann man es als einen sozialgeschichtlichen Glücksfall ansehen, daß der deutsche Katholizismus aufgrund seiner gesellschaftlichen Inferioritätsstellung von Anfang an politisch nicht den Weg einer Klassenpartei, sondern nur den einer Volkspartei einschlagen konnte. So war man aus (kirchen-)politischen Gründen genötigt, bereits innerparteilich jene sozialen Kompromisse zu finden, die das Zentrum sozialpolitisch auch mit anderen »Mittelparteien« koalitionsfähig machte. Insofern hat der »soziale« Katholizismus seine

Erfolge mit Hilfe des »politischen« Katholizismus erreicht und damit zugleich einen entscheidenden Beitrag zur sozialpolitischen Konzeption einer Volkspartei geleistet, die Sozialpolitik nie losgelöst von der Wirtschaftspolitik und der allgemeinen Gesellschaftspolitik betreiben kann.

c) Die Überwindung des Technizismus und des Moralismus: Wenn wir von heute aus rückblickend die ethischen Grundentscheidungen bedenken, mit deren Hilfe der Katholizismus bzw. die katholische Soziallehre die soziale Frage lösen halfen, so zeigt sich, daß dies in einem äußerst fruchtbaren und geistesgeschichtlich interessanten Auseinandersetzungsprozeß mit den liberalen Theorien und den sozialistischen Denksystemen geschah. Die kirchliche Sozialkritik wies dabei einerseits die Vorstellung zurück, man könne die soziale Frage soziotechnisch lösen, also die fehlende Tugend durch eine soziale Technik ersetzen. In diesem Sinne glaubte der ökonomische Liberalismus, Gesinnungen seien überflüssig, denn durch den soziotechnischen Trick der »vollständigen Konkurrenz« gelinge es, die Summe der Egoismen dank einer systemimmanenten »List der Vernunft« zum Gemeinwohl zu integrieren. Aber auch der Sozialismus, des Liberalismus »ungeratener Sohn« (Ketteler) möchte die soziale Frage letztlich soziotechnisch lösen: Die Vergesellschaftung der Produktionsmittel ist der entscheidende sozio-technische Hebel, um die Entfremdung aufzuheben und den »neuen Menschen« in der klassenlosen Gesellschaft herauszudestillieren. Dem setzt Rerum novarum die Überzeugung entgegen, erst das Ethos der Solidarität – nicht der liberale Egoismus und der marxistische Klassenkampf – vermag Interessen miteinander vereinbar zu machen und den sozialen Frieden zu stiften. Andererseits befreit aber Leo XIII., noch mehr Pius XI., die katholisch-soziale Bewegung von der

Illusion eines integralistischen Moralismus und weist ihr den Weg zu den Erfahrungen des Naturrechtsdenkens (insbesondere des »sekundären Naturrechts« mit seinem realistischen Menschenbild) und damit zum Dialog mit den anderen Human- und Sozialwissenschaften. Insofern besteht die kirchliche Antwort auf die soziale Frage einerseits in der Betonung von deren sittlicher und damit auch religiöser Relevanz. Andererseits entwickelten sich die philosophisch-naturrechtlich und sozialwissenschaftlich argumentierende katholische Soziallehre und die katholisch-soziale Bewegung aus einem innerkirchlichen Emanzipationsprozeß von damaligen »Befreiungstheologien«, die – mit theologischen Argumenten – die Lösung der sozialen Frage von der Rückkehr zu einer kompromißlos antikapitalistischen Ständegesellschaft erhofften.

III. Zu den Chancen und Aufgaben der Kirche angesichts der gesellschaftlichen Probleme Lateinamerikas

Diese Tagung trägt das Thema »Soziale Verantwortung in der Dritten Welt«. Es geht uns im besonderen um die Verantwortung der Kirche in der katholischen Soziallehre für und in Lateinamerika. Meine Aufgabe war es, zunächst einmal den Ausgangspunkt dieser Verantwortung zu skizzieren. Wir haben dabei festgestellt, daß die gesellschaftlichen Problemfelder, die sich uns heute in Lateinamerika auftun, in vielem jenen gesellschaftlichen Zuständen gleichen, die in Europa in der Frühphase der Industriegesellschaft herrschten. Die nun am Schluß unserer Überlegungen zu stellende Frage lautet: Inwieweit können die von der katholisch-sozialen Bewegung in Europa in einem mühsamen und langandauernden Lernprozeß herausgefundenen Antworten auf die sozialen Nöte der Industriegesellschaft hilfreich sein, damit die Kirche in Lateinamerika heute jene Aufgaben wahrnehmen kann, vor die sie gestellt ist und zu der man von ihr Antworten erwartet?

Gewiß sind historische Vergleiche immer nur begrenzt sinnvoll. Es gibt unterschiedliche sozio-kulturelle Voraussetzungen. Das Gewicht der weltwirtschaftlichen Verflechtung ist heute wahrscheinlich größer als zum Beginn der Industrialisierung Europas. Dennoch gibt es viele und erstaunliche Gemeinsamkeiten, wie aus dem bereits eingangs zitierten Wort von Weihbischof Romer hervorgeht. Schon historisch besteht zum Beispiel eine sehr nahe Verwandtschaft zwischen der lateinamerikanischen und der (süd)europäischen Kultur. Gewiß muß jeder Kontinent und jedes Land seinen eigenen Weg finden. Aber uns allen gemeinsam ist die Frage: Nach welchem Menschenbild, mit welchen ökonomischen, gesellschaftlichen und politischen Zielsetzungen, mit Hilfe welcher geschichtlicher Erfahrungen versuchen wir heute einen Weg in eine humanere Gesellschaft zu finden? Johannes Paul II. ist nachdrücklich der Meinung, daß Lateinamerika aufgrund seiner Geschichte und des religiösen Bewußtseins seiner Menschen seine Zukunft nur in einer Besinnung auf das christliche Menschenbild und die mit ihm untrennbar verbundene Soziallehre der Kirche finden kann. In seiner Ansprache zur Eröffnung der dritten Generalversammlung der lateinamerikanischen Bischofskonferenzen (CELAM) in Puebla am 28. Januar 1979 sagte er: »Die vollständige Wahrheit vom Menschen macht das Fundament der Soziallehre der Kirche aus; sie ist gleichzeitig die Grundlage einer wahrhaften Befreiung. Verantwortungsbewußt auf diese Soziallehre vertrauen, obgleich einige Zweifel und Mißtrauen ihr gegenüber zu säen versuchen, sie ernsthaft studieren, sich bemühen, sie anzuwenden, sie zu lehren, ihr treu zu bleiben, all dies ist für ein Mitglied der Kirche eine Garantie für die Echtheit seines Einsatzes für die schwierigen und anspruchsvollen Aufgaben und seiner Bemühungen um die Befreiung und Förderung seiner Brüder. Gestattet mir, daß ich eurer pastoralen Sorge besonders empfehle, eure Gläubigen für die Soziallehre der Kirche zu interessieren und empfänglich zu machen.«[6] – Wie ein solches Programm zu verwirklichen ist, darüber wird auf dieser Tagung sicher noch vieles zu reden und zu diskutieren sein. Ich möchte dazu lediglich noch auf einige Chancen und einige Aufgaben hinweisen:

Dabei möchte ich zunächst auf das hinweisen, was die lateinamerikanische Kirche in Wahrnehmung ihrer sozialen Verantwortung bereits geleistet hat und dann versuchen, einige Aufgaben zu formulieren, die noch zu leisten wären. Hintergründig geht es dabei um die Frage, wie in einem weltweiten Dialog innerhalb der Kirche und zwischen Kirche und Gesellschaft Wege und Lösungen gefunden werden können, die sich aus dem Geist und den Erfahrungen der katholischen Soziallehre ergeben.

1. Was die lateinamerikanische Kirche bereits geleistet hat

Wir haben im I. Teil unserer Überlegungen sozioökonomische und politische Probleme lateinamerikanischer Gesellschaften skizziert. Wir haben dabei nur von den Problemen gesprochen und nicht von den Chancen, sie zu lösen. Diese Chancen sind durchaus nicht gering. Sie liegen begründet in der kulturellen Identität Lateinamerikas, in seinem europäisch-humanistischen und christlichen Erbe. Wenn dieses Erbe fruchtbar werden kann, dann wohl nur dank und mit Hilfe jener Kräfte, welche die lateinamerikanische Kirche in einem beispiellosen gesellschaftlichen und pastoralen Aufbruch inzwischen in

Bewegung setzen konnte. Die Konferenz der lateinamerikanischen Bischöfe von Medellín (1968) hat –
als Frucht einer bereits bei der ersten Generalversammlung in Rio (1955) einsetzenden Bewußtseins-
veränderung, die vor allem während des Zweiten
Vatikanischen Konzils (1962–1965) mächtig voran-
getrieben wurde – für die lateinamerikanische Kirche
jene Wende grundgelegt, wie sie etwa durch die
Fuldaer Bischofskonferenz von 1869 dank der Persönlichkeit eines Bischofs Ketteler und durch die
Enzyklika »Rerum novarum« Leos des XIII. (1891)
für die Kirche in Deutschland bzw. in den Industrieländern Europas eingeleitet wurde. Der soziale und
pastorale Aufbruch der Kirche Lateinamerikas läßt
sich durch zwei Stichworte näher charakterisieren:

a) Die »Theologie der Befreiung«: Die neuentdeckte
und gelebte gesellschaftliche Mitverantwortung der
lateinamerikanischen Kirche läßt sich grundlegend in
dem Symbolbegriff »Theologie der Befreiung« fas-
sen. Er wird zum Leitwort einer Umkehrbewegung.
Die Leidenschaft, mit der dieses Wort aufgegriffen
und verbreitet wird, hat wohl zwei Ursachen: Zum
einen erweist sich der politische und soziale »Status
quo«, genauer die quasi-feudale Gesellschaftsordnung in einer Reihe wichtiger lateinamerikanischer
Staaten angesichts des fortgeschrittenen ökonomischen und kulturellen Entwicklungsstandes dieser
Länder mehr und mehr als explosiv-anachronistisch,
als eine »Befreiung« provozierend. Zum anderen
spürt die Kirche in diesen »katholischen« Ländern
eine historische Mitschuld an dieser Situation und
einem eminenten Nachholbedarf an politisch-gesell-
schaftlicher Konsequenz christlichen Glaubens oder
besser: christlichen Lebens. Gerade deshalb verstehen sich die Impulse, die sich mit dem Leitwort
»Theologie der Befreiung« verbinden, primär in
Richtung auf eine neue, andere *Praxis* der Kirche.

Theologisch geht es bei der »Befreiung« grundlegend um ein »Umdenken«, das die gesamte Theologie und die Praxis der Kirche erfassen soll. Als Grundrichtung dieser Metanoia läßt sich formulieren: Von einer Kirche der Mit-Privilegierten zu einer Kirche der Armen! Die lateinamerikanische Kirche will und soll sich auf die befreiende Kraft des Evangeliums besinnen und sich an die Spitze einer Befreiungsbewegung stellen, die alle Dimensionen des menschlichen Lebens umfaßt: Die religiöse, die soziokulturelle, die ökonomische, die politische Sphäre. Hier wird also grundsätzlich ausgesagt, daß die in Jesus, dem Christus, geschenkte Erlösung den ganzen Menschen betrifft und darum für alle gesellschaftlichen Verhältnisse zu jeder Zeit bedeutsam ist. Insofern ist jede christliche Theologie eine Theologie der Erlösung und insoweit der Befreiung.

b) Die »Basisgemeinschaften«: Der pastorale Erneuerung- und Erweckungsprozeß, der sich in Lateinamerika nach der Überwindung der »Konzilskrise« immer deutlicher abzeichnet, läßt sich recht gut mit jenen Bewegungen vergleichen, die sich in Deutschland und Europa zwischen den beiden Weltkriegen ereigneten und die Romano Guardini in das berühmte Wort kleidete: »Die Kirche erwacht in den Seelen.« Die lateinamerikanische Kirche als eine vor dem Konzil größtenteils von außen »versorgte« Kirche mit zudem ausgeprägt klerikalen Strukturen hat in den zurückliegenden fünfzehn Jahren seit Medellín in einem fast atemberaubenden Aufholprozeß ihr pastorales Gesicht grundlegend verändert. Die »Basisgemeinschaften« sind wohl der augenfälligste Ausdruck dieses Wandels. Eine tief verwurzelte, noch nicht säkularisierte Volksfrömmigkeit verband sich mit der Ekklesiologie des Zweiten Vatikanischen Konzils und führte so zu einer allmählichen Abkehr vom reinen »Versorgungsdenken« hin zu

einer sich allmählich immer stärker abzeichnenden
»Kirche des Volkes«. Dabei wirken sich die materielle Armut und dadurch bedingte Unmöglichkeit,
in großer Zahl hauptamtliche Kräfte zu bezahlen,
zusätzlich positiv aus. Das Puebla-Dokument
beschäftigt sich ausführlich mit den Basisgemeinschaften (vgl. 617–657). Die Basisgemeinschaften
werden als Substrukturen der Pfarrgemeinde gesehen, durch welche die Laien stärker am pastoralen
Dienst teilnehmen, die Katechese »ständig aktuali-
siert« wird und die Priester »stärker im Volk gegenwärtig« (631) werden. In dieser idealtypischen
Beschreibung wird weiter festgestellt, daß in den
kleinen Gemeinschaften »die Erfahrung an neuen
zwischenmenschlichen Beziehungen im Glauben«
wachsen, daß dort das »Wort Gottes vertieft werde«,
»die Beteiligung an der Eucharistie und an der
Gemeinschaft mit den Hirten der Teilkirche« sowie
»das Engagement für Gerechtigkeit in der jeweiligen
sozialen Realität« (640) zunehmen. Gerade der
letztgenannte Hinweis macht deutlich, wie sich
pastorales und soziales Engagement gegenseitig
bedingen und durchdringen.

2. Was die lateinamerikanische Kirche noch zu leisten hat

Wir haben weiter oben darauf hingewiesen, wie
umstritten jene Weichenstellung war, die der europäische Sozialkatholizismus am Beginn seiner Stellungnahme zu den Problemen der Industriegesellschaft vorzunehmen hatte. Es wäre geradezu sonder-
bar, wenn eine vergleichsweise Entscheidung in
Lateinamerika unumstritten wäre. Was eben kurz
über die »Basisgemeinschaften« und die »Theologie
der Befreiung« gesagt wurde, findet sich in der
dort skizzierten Interpretation als breiten Konsens
der lateinamerikanischen Bischofskonferenzen im

Puebla-Dokument von 1979. Aber leider ergeht es diesem Dokument wie dem Zweiten Vatikanischen Konzil: Es halten sich nicht alle daran! Denn es gibt in Lateinamerika auch noch »andere« Basisgemeinschaften und eine »andere« Befreiungstheologie, die nicht ohne weiteres mit den eben skizzierten Inhalten dieser Begriffe übereinstimmen. Ich möchte dies kurz erläutern:

a) Die »anderen« Basisgemeinschaften: Diese Unterscheidung stammt nicht von mir, sondern sie findet sich im apostolischen Schreiben über die Evangelisierung in der Welt von heute, das Paul VI. am 8. Dezember 1975 im Anschluß an die 1974 abgehaltene Bischofssynode veröffentlichte. Dort hatten sich die Bischöfe eingehend mit unterschiedlichen Vorstellungen von »Basisgemeinschaften« beschäftigt und sich dabei kritisch von jenen Basisgemeinschaften distanziert, die sie folgendermaßen beschreiben: »Bezeichnend für sie ist also eine offenkundige Haltung der Kritik und Ablehnung gegenüber kirchlichen Formen, ihrer Hierarchie und ihrer Zeichen. Sie stellen diese Kirche radikal in Frage. In diesem Zusammenhang wird das sie tragende Gedankengut sehr schnell zu einer Ideologie, und es ist höchst selten, daß sie nicht schon bald Opfer einer politischen Richtung, einer bestimmten Strömung, eines Systems oder gar einer Partei werden, mit dem ganzen damit verbundenen Risiko, deren Instrument zu werden« (Über die Evangelisierung in der Welt von heute, 58,3).

b) Die andere »Theologie der Befreiung«: Diese anderen Basisgemeinschaften berufen sich dann auch meist auf eine andere »Theologie der Befreiung«. Diese andere Theologie der Befreiung zeigt sich beispielsweise in der Rede, die Ernesto Cardenal am 13. 10. 1980 in Frankfurt gehalten hat. Dort werden die drei zentralen heilsgeschichtlichen Begriffe »Segnen«, »Umkehren« und »Nachfolgen« in einen direkten Zusammenhang mit einer bewaffneten Revolution und der Errichtung der daraus hervorgehenden sandinistischen Regierung in Nicaragua gebracht[7]. Leider bleibt solche abstruse Exegese, die sich in dieser Hinsicht mit der Bonifaz VIII. in der Bulle »Unam sanctam« von 1302 messen kann, nicht ohne schlimme ekklesiale Folgen. Die daraus resultierende Kirchenspaltung läßt sich etwa in der in Nicaragua öfter zu findenden Parole dokumentieren »Sandino ayer, hoi et siempre«, dem andere Christen entgegensetzen: »Solo christo ayer, hoi et siempre.« Leider gibt es aber auch ernstzunehmende Theologen, die jener problematischen Version einer anderen »Befreiungstheologie« dadurch Vorschub leisten, daß sie bestimmte Aussagen hinsichtlich der Gesellschaftsanalyse bzw. bestimmter gesellschaftlicher Handlungsstrategien einen ihnen nicht zukommenden theologischen Nimbus verleihen. Gerade in dieser Vermischung der Genera, der mangelnden Unterscheidung zwischen theologischen und sozialwissenschaftlichen Aussagen, liegt das Problem der genannten »anderen« Befreiungstheologie. Eine solche Vermischung der Aussageebenen scheint mir auch in manchen Äußerungen von Leonardo Boff nicht genügend vermieden zu werden: Bei ihm ist z. B. von der »umfassenden Abhängigkeit« des lateinamerikanischen Kontinents und der »dadurch bedingten Unfreiheit und Ungerechtigkeit unter diesen Völkern« die Rede, was als eine »soziale und strukturelle Sünde« und als dem »Heilsplan Gottes« widersprechend bezeichnet wird. Darauf baut sich dann so etwas wie eine Theologie der Unabhängigkeit (Independencia) auf. Hier ist bereits die auf der sozialwissenschaftlichen Ebene verwendete Theorie der Abhängigkeit und die behauptete, nahezu absolute Verknüpfung von »Abhängigkeit« mit »Unfreiheit und Ungerechtigkeit« fragwürdig, noch mehr die quasi-theologische Stilisierung dieses Zusammenhangs[8].

3. Die Brücke zwischen Kirche und Welt oder: Der doppelte Ansatz christlichen Weltverhaltens

Auf dem Weg, in den eben genannten Problemen im Zusammenhang mit einer anderen Konzeption von »Basisgemeinschaften« und einer anderen »Theologie der Befreiung« einen theologisch tragfähigen Konsens zu finden, hat die lateinamerikanische Kirche bereits ein beachtliches, vielleicht sogar das größte Stück zurückgelegt. Es zeigt sich zum Beispiel darin, daß das Puebla-Dokument den mißverständlichen Ausdruck »Theologie der Befreiung« überhaupt nicht mehr gebraucht und statt dessen von »befreiender Evangelisierung« spricht. Damit ist eine eindeutige Scheidelinie markiert. Es werden jene Versionen einer »Befreiungstheologie« abgelehnt, in denen, wie es einmal der Bonner evangelische Neutestamentler Erich Gräßer formuliert hat, »die Zeitereignisse als *zweiter* Text mit den biblischen Texten *konkurrieren*«[9]. Ausgangspunkt kirchlichen Handelns ist demnach immer das Evangelium, Ziel ist das Heil des Menschen. Die Verkündigung des Evangeliums und dessen Lebensvollzug im Leben der Christen strahlt befreiend auf sämtliche Lebensbereiche aus. Die »andere« Version geht von einem sozialphilosophisch oder sozialwissenschaftlich behaupteten gesellschaftlichen Befreiungsprozeß aus, nimmt diesen sozusagen zu einem geschichtsphilosophisch ausgemachten Datum und befragt seinerseits die christliche Botschaft hinsichtlich ihrer »Relevanz« bzw. »Irrelevanz« für den Befreiungsprozeß. Eben dieses Vorgehen wird vom Puebla-Dokument nicht übernommen. Damit ist aber lediglich eine negative Abgrenzung vorgenommen.

Die eigentliche Aufgabe, die noch zu leisten ist, und zwar nicht nur in Lateinamerika, ist der Versuch, die Brücke zwischen Kirche und Welt so zu bauen, daß die Botschaft des Evangeliums und die nur sozialphilosophisch bzw. sozialwissenschaftlich zu leistende Analyse der inhumanen bzw. humanen Strukturen der menschlichen Gesellschaft und ein darauf gerichtetes Handeln positiv miteinander in Beziehung treten. Dies läuft auf einen doppelten Ansatz christlichen Weltverhaltens hinaus, den man folgendermaßen skizzieren könnte: Eine grundlegende Aussage hinsichtlich des doppelten Ansatzes hinsichtlich christlichen Weltverhaltens findet sich in der Pastoralkonstitution, wo es heißt, die Kirche habe den Wunsch, »das Licht der Offenbarung mit der Sachkenntnis aller Menschen in Verbindung zu bringen, damit der Weg, den die Menschheit neuerdings nimmt, erhellt werde« (GS 33,2). Das »Licht der Offenbarung« und die »Sachkenntnis aller Menschen« sind verschiedene Erkenntnismittel, die miteinander in Verbindung gebracht werden sollen, ohne ihre je eigenständige Bedeutung zu verlieren. Die Kirche hat somit den Auftrag, eine Sozial*theologie* für Glaubende zu entwickeln und zu verkünden. Gleichzeitig muß sie aber auch versuchen, eine Sozial*ethik* für Nicht-Glaubende zu formulieren, anders gesprochen: Sie muß versuchen, das, was sie aufgrund ihrer geschichtlichen Erfahrungen um des Menschen willen für notwendig und hilfreich hält, so zu formulieren und zu vermitteln, daß es auf der Basis eines geläuterten vernünftigen Denkens von »allen Menschen guten Willens« verstanden und akzeptiert werden kann. Dabei geht die Kirche von einem anthropologischen Realismus aus. Sie weiß um die Ambivalenz des Menschen, der stets und zugleich in der Lage ist, »das Beste oder das Schlimmste zu tun« (GS 9,4; vgl. Johannes Paul II. RH 14,2 und DM 10,3). Andererseits will und darf die Kirche der

Kraft der in Jesus angebrochenen Gottesherrschaft keine Grenzen setzen. Sie hält darum an der Hoffnung fest, daß die Verbesserung gesellschaftlicher Verhältnisse immer möglich ist, daß es deshalb immer notwendig ist, jenen »integralen Humanismus« (Paul VI: Populorum progressio) vorzuleben, den Gott jenen schenkt, die sich ihm im Glauben öffnen und die versuchen, aus dem Glauben zu leben. Andererseits gehört es aber auch zum »Erbarmen Gottes«, durch die Kirche auch den »Heiden« ethische Hilfen, sittliche Wegweisungen zu vermitteln.

Aus dieser Einsicht heraus hat die Kirche bzw. die Moraltheologie immer versucht, insbesondere seit Thomas von Aquin und dann im Kontext der Industriegesellschaft, für die Ordnungen des gesellschaftlichen Lebens Grundsätze und geschichtliche Erfahrungen zu vermitteln, die von allen Menschen guten Willens auf dem Boden der menschlichen Vernunft akzeptiert werden können. Genau dies ist das Programm der katholischen Soziallehre. Die Kirche ist sich dabei bewußt, daß damit zunächst nur ein »Minimalprogramm« formuliert war. Aber man sollte dieses Minimalprogramm nicht zu gering achten. Es ist schon viel gewonnen, wenn das Schlimmste verhindert wird, wenn die Menschen bereit sind, bestimmte Grundwerte anzuerkennen und friedlich miteinander um die Verbesserung der Verhältnisse zu ringen. Zugleich aber weiß die Kirche, daß das Evangelium mehr fordert und daß die erlösende Kraft in Christus mehr ermöglicht. Sie sucht dieses Mehr immer deutlicher zu erfassen und immer glaubwürdiger zu leben. Sie darf aber dieses Bemühen nicht mit dem »endzeitlichen« Erfolg dieses Bemühens verwechseln und muß um die bleibende Differenz zwischen beidem wissen.

Somit besteht der Ansatz christlichen Weltverhaltens in einer doppelten Aufgabe: Es gilt eine theologische Anthropologie aufgrund des Evangeliums und ein aus der Kraft des Evangeliums gespeistes gesellschaftliches Handeln darzustellen und gleichzeitig auf der Ebene einer sozialphilosophischen Reflexion sittliche Maßstäbe für alle Menschen guten Willens zu formulieren, die geeignet sind, Wege auf mehr Gerechtigkeit hin zu ebnen. Beide Ansätze sollen aber nicht unvermittelt nebeneinander stehen, sie fallen jedoch auch nicht ineins. Sie haben ihre je eigenständige Bedeutung. Im Idealfall gelingt es, aus einer sozialen Theologie, aus dem »Überschuß des Evangeliums« gegenüber den Vernunftwahrheiten (Nikolaus Monzel) Haltungen und Wegweisungen zu vermitteln, die das humanitäre Ethos seinerseits anzureichern vermögen. Es ist sicher das Verdienst der Befreiungstheologie, gerade diese Frage nach der »theologischen Präambel» (Wilhelm Weber) der christlichen Gesellschaftslehre neu gestellt zu haben. Es wäre jedoch ein fataler Irrtum zu meinen, daß damit die klassische katholische Soziallehre zugleich ersetzt werden könne. Die eigentliche Aufgabe besteht darin, beide Ansätze fruchtbar miteinander zu verbinden. Genau dies scheint auch eines der großen Anliegen des gegenwärtigen Papstes zu sein. Insofern dürfte Karl Lehmann recht haben, wenn er den »Willen des Papstes« zu bemerken glaubt, »die klassische Soziallehre durch eine Verklammerung mit dem Proprium und Zentrum der christlichen Heilsbotschaft um eine neue Dimension zu erweitern und möglicherweise auch zu vertiefen«[10]. – Ich sehe in dem Versuch, diese »Verklammerung« in ihrer theologisch richtigen Struktur zu erkennen und dann auch in der Praxis des kirchlichen Handelns zu verwirklichen, als eine grundlegende und wichtige Aufgabe an, die vor uns steht, und auf deren Lösung hin diese Tagung vielleicht einen Beitrag zu leisten vermag. Dies scheint mir unumgänglich zu sein, wenn die Kirche ihre soziale Verantwortung in den Ländern der Dritten Welt wahrnehmen will. Insbesondere, wenn der Dialog über diese Fragen gelingt, könnte die katholische Soziallehre im Hinblick auf die Problemfelder Lateinamerikas in den nächsten Jahrzehnten ähnlich fruchtbar werden, wie sie dies bei der Bewältigung der Probleme der beginnenden Industriegesellschaft in Europa gewesen ist. Schließlich könnte ein neuer Dialog über das Verhältnis von Theologie und Sozialwissenschaften bei der Lösung gesellschaftlicher Probleme im Rahmen der kirchlichen Sendung auch für die Aufgaben, die in den Industriegesellschaften Europas anstehen, von großer Bedeutung sein und der Kirche dort neue Wege ihres Dienstes an den Menschen weisen.

[1] Vgl. Ruhrwort 23 (1981) Nr. 22 vom 30. 5. 1981; s. auch Lothar Roos, Katholische Soziallehre und Kirche in der Dritten Welt, Reihe: »Kirche und Gesellschaft«, hrsg. von der Katholischen Sozialwissenschaftlichen Zentralstelle Mönchengladbach, Nr. 81, Köln 1981.

[2] Franz Gamillscheg, Grundrechte am Arbeitsplatz, Vortrag innerhalb des Studium generale in der Universität Mainz (Veröffentlichung folgt demnächst).

[3] Zum weiteren geschichtlichen Kontext vgl. Lothar Roos, Kapitalismus, Sozialismus, Sozialpolitik, in: Der soziale und politische Katholizismus. Entwicklungslinien in Deutschland 1803–1963, Bd. 2, hrsg. von Anton Rauscher, München/Wien 1982, 52–158.

[4] Clemens Bauer, Wandlungen der sozialpolitischen Ideenwelt im deutschen Katholizismus des 19. Jahrhunderts, in: Die soziale Frage und der Katholizismus, hrsg. von der Görres-Gesellschaft, Paderborn 1931, 19.

[5] Ders., Deutscher Katholizismus. Entwicklungslinien und Profile, Frankfurt 1964, 25–27.

[6] Johannes Paul II., Ansprache zur Eröffnung der 3. Generalversammlung der lateinamerikanischen Bischöfe (CELAM) in Puebla de los Angeles in Mexiko am 28. 1. 1979, Ziff. I,9; III,7.

[7] Ernesto Cardenal, »Ich erbitte Hilfe für die Revolution« Die Rede des nicaraguanischen Friedenspreisträgers des deutschen Buchhandels, in: FAZ Nr. 238 vom 13. 3. 1980, 11.

[8] Vgl. Leonardo Boff, Erfahrung und Gnade, Düsseldorf 1978, 122f; vgl. auch Medard Kehl, Erfahrung von Heil, in: Lebendige Seelsorge 34 (1983) 19–23.

[9] Erich Gräßer, Die politische Herausforderung an die biblische Theologie, in: Evangelische Theologie 30 (1970) 237 – Im Anschluß an Günther Bornkamm.

[10] Karl Lehmann, Der bedrohte Mensch und die Kraft des Erbarmens. Die Enzyklika über das Erbarmen Gottes Papst Johannes Pauls II., Freiburg/Basel/Wien 1981, 112. Zum gesamten III. Abschnitt vgl. weiterführend: Lothar Roos, Politische Theologien und katholische Soziallehre, in: Internationale katholische Zeitschrift Communio 10 (1981) 130–145; ders., Basisgemeinschaften in Lateinamerika, in: Lebendige Seelsorge 33 (1982) 106–111; ders., Eine neue Dimension der katholischen Soziallehre?, in: Stimmen der Zeit 108 (1983), 340–352.

Erzbischof Rivera Damas

Gewalt und Gegengewalt und die Bemühungen um soziale Gerechtigkeit in El Salvador

Die Veranstalter dieser wichtigen Tagung haben von mir einen Beitrag zum Thema »Gewalt und Gegengewalt und die Bemühungen um soziale Gerechtigkeit« erbeten. In dieser Formulierung hielt ich das Thema für zu breit, zu allgemein und zu theoretisch angelegt. Ich sah deshalb keine Möglichkeit, dem Thema in dieser Form gerecht zu werden. Da gerade aber an mich die Bitte gerichtet worden war, das Thema zu behandeln, dachte ich, daß die Veranstalter besonders an der in El Salvador gegebenen Situation interessiert seien. Deshalb und um das Thema im Rahmen der mir gegebenen Kompetenz behandeln zu können, werde ich meine Ausführungen auf die für El Salvador spezifischen Aspekte beschränken.

Ich erbitte daher Ihre freundliche Aufmerksamkeit, wenn ich im folgenden über das Problem von Gewalt und Gegengewalt sowie über die Bemühungen um soziale Gerechtigkeit in El Salvador sprechen werde.

1. Vorbemerkungen

Ich kann das Thema nicht wirklich beginnen, ohne einige Bemerkungen vorauszuschicken.

Meine erste Bemerkung: Es erscheint mir absolut notwendig, daß all jene, die unsere Situation nicht aus der Nähe und voll miterleben, den Versuch machen, sich in die Konfliktsituation, die El Salvador durchleidet, wenigstens hineinzudenken. Wenn wir die Lage in El Salvador als Außenstehende und aus der Ferne betrachten, dann ist es praktisch unmöglich, die Probleme zu verstehen, die wir in dieser kurzen Zeit behandeln werden. Es wäre andererseits unverzeihlich, Ihnen die Probleme in El Salvador erklären zu wollen mit der Hilfe von geistigen, philosophischen und kulturellen Kategorien, die aus Ihrer Situation stammen, sei sie nun vergangen oder gegenwärtig, die aber immer europäisch sind. Es könnte deshalb sein, daß das, was ich sage, Ihnen zweideutig scheint, vielleicht sogar seltsam. Ich werde mich aber immer um Klarheit bemühen. Wenn ich mich auch von Anfang an weigere, die Probleme unserer Wirklichkeit in El Salvador in Ihren Kategorien auszudrücken, die ich noch dazu nicht völlig genau kenne, so will ich doch helfen, daß Sie in der Zeit, über die ich verfüge, soweit wie möglich mit der wirren Welt unserer Probleme in bezug auf Gewalt und Gegengewalt vertraut werden.

Die zweite Überlegung, die ich hier machen möchte, bezieht sich auf die Theorien über die Gewalt, die bisher entworfen wurden und von denen keine in meinen Augen eine umfassende und eindeutige Erklärung für die Situation der Gewalt, unter der El Salvador leidet, geben kann. Insoweit sich diese Theorien mit dem Phänomen des Krieges befassen, sind sie sicher ungeeignet, um die bei uns herrschende Situation zu erklären. Insoweit sie aber die soziale Ungerechtigkeit zum Ausgang und Schwerpunkt ihrer Überlegungen machen, könnten sie uns möglicherweise dazu dienen, die Situation der Gewalt, unter der wir alle in El Salvador leiden, zu erhellen. Ich hoffe, daß ich nicht der Gefahr erliege, die vielen verschiedenen Arten von Gewalt auf »die Gewalt« zu reduzieren, d. h. ihre verschiedenen Ausprägungen der besseren allgemeinen Verständlichkeit wegen in ein generelles Konzept, das das Wesentliche des Problems ausdrückt, zu überführen.

Ich tue dies nicht aus dem einfachen Grund, da man häufig findet, daß die Probleme nicht im Wesen der Dinge selbst angelegt sind, sondern aus zeitlich bedingten Begleitumständen entstehen.

Die dritte Überlegung bezieht sich auf die Konzepte der Gewalt, die Erzbischof Romero in seinem dritten Hirtenbrief und die ich in meinem ersten Hirtenbrief als Bischof von Santiago de Maria darlegten. Was dort zur Moral gesagt wurde, gilt noch immer in dem universellen und prinzipiellen Rahmen, mit dem dieses Dokument das Problem der Gewalt anging. Ausgehend von den Prinzipien des Friedens und mit der Absicht der Einordnung unter Gesichtspunkten der Moral haben wir damals verschiedene »Fälle« von Gewalt untersucht, um dem suchenden Gewissen vieler mit diesem Problem beladener Salvadorianer zum damaligen Zeitpunkt eine Antwort zu geben. In diesem Dokument haben wir die moralische Zulässigkeit der Gewalt im Fall eines Volksaufstandes anerkannt unter entsprechender Berücksichtigung der Forderungen der christlichen Moral. In diesem Hirtenbrief haben wir aber nicht in ausreichendem Maße das Problem der Gewalt unter dem Gesichtspunkt der Wiederherstellung der notwendigen Vorbedingung für den Frieden, nämlich der sozialen Gerechtigkeit, behandelt. Mit meinem Beitrag heute möchte ich nicht diese Lücke füllen, sondern ganz einfach nur Ihre Aufmerksamkeit darauf lenken, daß wir die soziale Gerechtigkeit als eine notwendige Voraussetzung für den Frieden in den Mittelpunkt stellen müssen. Wenn wir nämlich über den Frieden sprechen, so ganz allgemein und im Prinzip, setzen wir uns der Gefahr aus, daß wir das wahre Problem El Salvadors in Bereiche wegschieben, in die es nicht gehört. So paßt z. B. das Gerede von »Befriedung« nicht gut auf unsere Lage. Es handelt sich nicht darum, daß man einer Befriedung nicht bedürfte, sondern einfach darum, daß unser Problem nicht darin besteht, wie wir das Tempo der Aufrüstung verlangsamen. Dies ist eine wichtige Sache im Ost-West-Konflikt. Für uns besteht die Lösung des Problems der Gewalt in der Wiederherstellung der sozialen Gerechtigkeit. Das ist alles. Und schließlich möchte ich noch die Bedeutung der Soziallehre der Kirche unterstreichen, das Licht des Evangeliums, das zu einer sozialen Lehre wurde. Sie ist besonders wichtig in einem Augenblick, in dem wir uns bemühen, eine Lösung zu finden für unsere durch die Gewalt bestimmte Lage. Wir können wohl verstehen, daß es der Kirche Schwierigkeit bereitet, die überaus allgemeinen Prinzipien der Soziallehre auf solche neuen, überaus komplizierten und schwierigen Situationen anzuwenden wie die in El Salvador. Von ganzem Herzen aber danken wir den Päpsten und bewundern ihre Bemühungen, gerade die von Johannes Paul II. in jüngster Zeit, als Ihren Beitrag zur Lösung unserer Probleme unsere Lage aus der Nähe kennenzulernen und von der Soziallehre der Kirche her uns zu besseren Einsichten zu verhelfen. Wenn wir uns fest an die Soziallehre der Kirche halten, dann heißt das für uns, daß wir uns festhalten am heilbringenden Wort des Evangeliums. Das bedeutet für uns, daß wir uns an den Felsen der Kirche klammern, und vor allem, daß wir anerkennen, daß das Heil der Bewohner El Salvadors nicht in den Lehren des Materialismus zu finden ist, ob es sich nun um den Wohlstandsmaterialismus oder den doktrinären Materialismus handelt, der systematisch die geistigen Werte des Glaubens des Menschen an Gott negiert, sondern, daß das Heil von Gott selbst und von Jesu Christus kommt, den er uns gesandt hat.

2. Das Problem der Gewalt in El Salvador ist komplex

Wir haben uns dem Thema schon ziemlich genähert. Ich möchte Ihnen deshalb nunmehr darstellen, wie kompliziert das Problem der Gewalt in El Salvador ist. Dies gilt nicht nur für das Verständnis, sondern vor allem für die Realität.

2.1 Die Schwierigkeiten im Verständnis

Hier möchte ich vor allem auf die *Desinformation* hinweisen, die im Kriegszustand das Phänomen der Gewalt begleitet. Das Bild, das wir uns von einer Wirklichkeit machen, die sich aus einsichtigen, aber unabänderlichen Gründen unserem direkten Zugriff entzieht, hängt völlig ab von der Information, die wir über sie besitzen. Wenn nun Krieg herrscht, gibt es mehr Desinformation als Information. Jede der kriegführenden Parteien stellt die Wirklichkeit so dar, wie es am besten ihren Absichten und Zielen entspricht. Manchmal werden wir nicht gewahr, daß die Desinformation einen Teil der Gewalt im Krieg darstellt. Dadurch soll unser unparteiliches Urteil und manchmal auch unsere Macht zugunsten eines bestimmten Vorhabens beeinflußt werden. Diese Klippe kann nur vermieden werden, wenn man sich eng an eine objektive Analyse der Dinge hält und von daher die Informationen oder Desinformationen bewertet, die sich aus der Situation der Gewalt ergeben.

Das Problem der Gewalt in El Salvador wird aber noch durch ein weiteres und manchmal die Gesamtsicht einschränkendes Element bedingt, wodurch das Verstehen noch schwieriger wird. Es handelt sich um die Kommunikation.

Mehr als einmal ist es mir passiert, daß ich meine Gedanken in dem, was die Journalisten nach einem

Interview mit mir schrieben, nicht wiedererkannt habe. Dies geschah nicht, weil sie hätten verfälschen wollen, was ich sagte, sondern, weil sie das, was ich sagte, aufgrund ihrer eigenen Erfahrung interpretierten. Es ist z. B. wirklich schwierig für mich, Ihnen in Ihren kulturellen und gedanklichen Kategorien eine Wirklichkeit nahezubringen, die mit ihren eigenen Kategorien erfaßt werden muß. Sie in Europa haben Situationen der Gewalt erfahren, einer Gewalt, die vielleicht schlimmer war als unsere. Aber nicht schon deswegen kann sie als Maßstab dienen, mit Hilfe dessen man die Gewalt, die jetzt in El Salvador herrscht, erfassen kann. Man wollte die Gewalt in El Salvador mit der Gewalt in Vietnam vergleichen. Ich glaube nicht, daß es sich um die gleiche Art von Gewalt handelt. Obwohl Sie hier in Europa die Gewalt ganz real erfahren haben, so würde diese Erfahrung der Gewalt doch nur zu völlig irrealen Vorstellungen führen, wenn man sie dazu benutzen wollte, durch sie die Wirklichkeit der Gewalt in El Salvador zu begreifen.

Schließlich zeigt sich die Vielschichtigkeit unseres Problems am besten im Bereich der politischen Vermittlung. Wir wissen, daß heutzutage Probleme und Konflikte an irgendeinem Punkt der Welt immer auch weltweite Bezüge haben und daß sie auf die eine oder andere Weise in den weltweiten Ost-West-Konflikt einbezogen sind. So bleibt also die Lösung eines Konflikts nicht mehr nur den davon direkt Betroffenen überlassen, sondern diese müssen sich weniger an Ratschläge, eher noch an Anweisungen der Supermächte halten. So wie die politische Macht in der heutigen Welt verteilt ist, wo es noch die empörende Aufteilung in eine Erste, Zweite und Dritte Welt gibt, müssen die Länder der Dritten Welt einfach die Lösungen ertragen, die man sich in der Ersten Welt für sie ausdenkt, manchesmal ohne wirkliche Kenntnis unserer Probleme und – was noch schlimmer ist – manchesmal unter völliger Mißachtung des Leidens der Menschen bei uns, die mit sozialer Armut, sittlicher Verelendung und wirtschaftlicher Unterentwicklung geschlagen sind. Und diese Menschen, die wie in El Salvador von der sozialen Ungerechtigkeit betroffen sind, müssen das Problem der Gewalt nur als eine Frage der Waffen angehen, als ob es sich bei dem Problem dieses Landes nur um ein weiteres Problem innerhalb des Ost-West-Konfliktes handelte.

2.2. Die Realität

Kommen wir nun zur Realität, zu den Gewaltverhältnissen selbst. Die Sprache der nackten Zahlen ist erschreckend. Vor allem in der Zeit von 1979 bis 1983, in der sich die Gewalt in El Salvador verschärft hat, verzeichnen wir einen Anstieg bei der Zahl der Toten als Opfer der Gewalt. Im Jahr 1980 waren es 8398 ermordete Zivilisten. 1981 überstieg ihre Zahl die des Vorjahres und erreichte 11 727. In den beiden Jahren allein gab es also 20 125 Ermordete aus der Zivilbevölkerung. Es ist zwar richtig, daß sich 1982 die Zahl der Toten im Vergleich zu den beiden Vorjahren verringerte, gleichwohl stieg die Gesamtzahl für die drei Jahre auf erschreckende 25 044 ermordete Zivilisten.

Ich möchte gerne unterstreichen, daß es sich hierbei um Zivilisten handelt, die nicht bei kriegerischen Auseinandersetzungen fielen, sondern die kalt ermordet wurden in ihren Wohnungen, an ihrem Arbeitsplatz, auf der Straße. Außerdem handelt es sich bei dieser Zahl um eine Untergrenze, denn hier wurden nur die Toten erfaßt, die nachweislich aus politischen Gründen umgebracht wurden. Wenn wir dieser Zahl noch die »Verschwundenen« hinzufügen, insgesamt 4276 Personen, erreichen wir die Zahl von 29 320 Opfern der Gewalt in El Salvador.

Es ist schwer, die genaue Zahl der Opfer festzustellen, die bei einer Kriegshandlung oder bei bewaffneten Auseinandersetzungen fielen. Aus strategischen Gründen machen die kämpfenden Parteien unterschiedliche Zahlenangaben. Es ist auch nicht möglich, die Zahl der Opfer der »Hinrichtungen«, die die extreme Linke durchgeführt hat, festzustellen. Auch wenn es relativ einfach ist, die Zahl von 2500 gefallenen Soldaten festzustellen, so ist es völlig unmöglich, auch nur annähernd die Zahl der Guerilleros zu nennen, die im Kampf gefallen sind.

Von Glück können jene Salvadorianer sprechen, die nach einer Morddrohung fliehen konnten. Aber welch ein bitteres Glück ist es, das sie zwingt, im Exil zu leben, fern ihrer Familie, fern ihrem Vaterland und alles hinter sich zu lassen, ihren Beruf, ihre Stellung, ihr Hab und Gut. Es sind nun schon 500 000, die fern ihrer Heimat leben. Nicht weniger schwer ist die Lage aller jener, die, da sie keine Mittel hatten, um ins Ausland zu fliehen, Zuflucht nehmen mußten in irgendeinem Aufnahmelager der Kirche, der Regierung oder des Roten Kreuzes oder die Aufnahme fanden bei Verwandten, oder die einfach in den Elendsvierteln Unterschlupf fanden. In unserem Lande gibt es an die 200 000 Flüchtlinge.

Und was soll ich schließlich von der großen Mehrheit der Bevölkerung sagen, die unter der Repression leidet und unter den Ausnahmedekreten, von denen so viele unsinnig, ja unheilvoll sind, wie das Dekret vom 3. Dezember 1980, das als Dekret Nr. 507 bekannt ist?

Im Schutz dieses und ähnlicher Dekrete wüten paramilitärische Gruppen, die Kräfte von ORDEN, »schwer bewaffnete Männer in Zivil«, sogar Todesschwadronen. Sie begehen Ausschreitungen, begehen barbarische Morde mit Wissen und Erduldung des Volkes, unter schweigender Zustimmung einiger

Behörden und der ohnmächtigen Untätigkeit anderer.

Nicht weniger Angst, Unruhe, Panik und Furcht verbreiten die Zerstörungen und Hinrichtungen, die die extreme Linke als Vergeltung für den Vandalismus und die Barbarei der extremen Rechten durchführt. Die Linken wollen das zugrunde richten, was die extreme Rechte hochhält, die wirtschaftliche Grundlage, die Infrastruktur, die ihnen zu ihrer Bereicherung dient. Wenn auch in letzter Zeit Menschenleben mehr geschont werden als früher, so läuft ihre Strategie der Zerstörung der wirtschaftlichen Grundlagen allmählich darauf hinaus, daß die Möglichkeiten der materiellen Existenz der arbeitenden Bevölkerung immer weiter eingeengt werden.

Je stärker die Zahl der Opfer anwächst, um so dringender bedarf das Problem der Gewalt einer Lösung. Diese Lösung wird aber, aus dem gleichen Grund, jedes Mal komplizierter und schwieriger. Denn mit dem Krieg der Desinformation will man die Gewalt der einen rechtfertigen und die der anderen verdammen. Unter dem Schutz der Gesetze zwingt man die Bürger, immer noch höhere Zahlen von Ermordeten hinzunehmen als etwas, das für die Sicherheit des Staates notwendig ist. Und auf der anderen Seite rechtfertigt man mit der Parole »Alle Macht dem Volke!« auch jeglichen Vandalismus, Schreckenstaten und Tod. Und während sich auf der Regierungsseite ein Körnchen guten Willens zur Lösung der Gewalt findet, sucht man hinter diesem Körnchen einen ganzen Berg von Repression und von Toten zu verbergen. Und die Linken ihrerseits wollen mit dem Versprechen goldener Berge in einer freien Zukunft rechtfertigen, was sie jetzt an zerstörerischen Sabotageakten gegen das Wenige durchführen, das dem arbeitenden Menschen noch als Lebensgrundlage verblieben ist. Ich möchte gerne die Darstellung der Wirklichkeit noch mit Zahlen untermauern, bei denen ich mich auf die Angaben des Chefs der Nationalpolizei in El Salvador vom 6. Juli 1982 beziehe. Bei dieser Gelegenheit wurden 4353 der bis dahin im Lande begangenen 34 353 Morde den Linken zugeschrieben. Das bedeutet indirekt, daß etwa 30 000 Morde den paramilitärischen Kräften, den Sicherheitsgruppen, den Todesschwadronen usw. zugeschrieben werden müssen, deren Tun sich im Schutz und mit der Deckung der Behörden vollzieht, manchmal auch durch deren Ohnmacht möglich wird.

Wenn wir es nur mit einer Art von Gewalt zu tun hätten, dann wäre das Problem relativ einfach. Die Gewalt der Waffen tritt in El Salvador am stärksten in Erscheinung. Es wäre aber ein großer Irrtum, wenn man das Phänomen Gewalt auf die Gewalt der Waffen reduzieren würde. Es gibt auch die Gewalt, die die Gewissen unterdrückt und eine neue Moral zur Geltung bringen will, die durch die Interessen der »nationalen Sicherheit« aufgezwungen wird. Es gibt auch die Gewalt, die aus der sozialen Ungerechtigkeit kommt, eine Gewalt, die von Personen und Gruppen erzeugt wird, denen der Sinn für Menschlichkeit abhanden gekommen ist. Es ist diese Gewalt, die sehr zu recht als Hauptursache aller anderen Gewalt in unserem Lande gilt. Immer noch gibt es auch die Gewalt, die durch die Aufteilung unserer Gesellschaft in soziale Klassen entstand und die soziale Verhältnisse schafft, in denen einige wenige die Herren und die Mehrheit die Diener sind. Es gibt auch die ideologische Gewalt, die auf die eine oder andere Weise zur Rechtfertigung der anderen Arten der Gewalt dient. Und wenn die Gesellschaft sich durch Worte und Konzepte getäuscht sieht, dann entsteht Gewalt des Terrors, die da Unterdrückung oder Mord heißt.

Wenn wir andererseits nur wüßten, wer diejenigen sind, die Gewalt üben in El Salvador, dann wäre vielleicht auch die Lösung des Problems einfacher, denn man könnte die geltenden Gesetze anwenden, die trotz allem so schlecht nicht sind. Aber die Sache ist die, daß die Gewalt, die aus der sozialen Ungerechtigkeit erwächst und die zu Recht strukturelle Gewalt heißt, wie ein Krebsgeschwür ist, das alle Bereiche, alle sozialen Schichten und sogar alle Personen befallen hat, die beim Staat, in der Politik, im Rechtswesen und in der Wirtschaft wirken. Innerhalb dieser korrupten Struktur schützen sich die einzelnen, indem sie alle anderen in die Korruption mithineinziehen. Alle sind hier Komplizen, und wenn man zuläßt, daß bei einer Person die Korruption aufgedeckt wird, hielte man das Ende eines unseligen Fadens in Händen, der bis zu den höchsten Stellen in der Politik, beim Militär, in der Wirtschaft usw. führt.

Ist es also unmöglich, in El Salvador Gerechtigkeit zu schaffen? Es ist sehr schwierig. Nicht allein die strukturelle Gewalt hat das Richteramt korrumpiert. Jene, die noch rechtschaffen sind in der Ausübung ihres Amtes, werden von terroristischer Gewalt bedroht, die das Land überzieht, ohne daß sie jemand aufhalten könnte, die das Gesetz des Stärkeren auferlegt und den Tod sät. Und wenn es irgendwo einen gibt, der bereit ist zu »reden« und die Korruption aufzudecken, dann gehört er bald zu den »Verschwundenen«. Die einzigen Gewaltakte, von denen wir mehr oder weniger wissen, wer sie ausübt, sind die des Militärs. Zwei Gruppen stehen sich im Kampf um die politische Macht gegenüber. Was anfangs seitens der Guerillas aussah wie eine Volkserhebung, um die soziale Gerechtigkeit in El Salvador wiederherzustellen, ist nunmehr zu einem offenbar nicht mehr aufzuhaltenden Rennen um die politische Macht unter dem Einsatz von Waffen und Gewalt geworden. Und was anfänglich bei unseren Streitkräften aussah wie eine legitime Verteidigung des Vaterlandes, das wurde nun zu einem Krieg, der beträchtliche wirtschaftliche Hilfen einbringt, um das Ansehen unserer Streitkräfte zu erhalten und ihre Kassen zu füllen.

3. Das Problem der Gewalt in El Salvador

An diesem Punkt nun müssen wir einen Versuch unternehmen, um das Problem der Gewalt in El Salvador zu definieren. Man kann nicht einfach sagen, daß es sich um den Einsatz von kriegerischer Gewalt zur Erreichung des Friedens handelt. Man kann auch nicht sagen, daß man den Frieden um jeden Preis will. Der Krieg ist ein Faktum und es ist ebenso unübersehbar, daß die Gewalt mit allen Mitteln durchgesetzt werden soll. Beim Willen zum Frieden ist dies anders. Das Ziel beider Seiten, die die kriegerische Gewalt ausüben, ist die politische Macht. Die einen wollen sie erreichen, die anderen sie behalten. Die einen wollen Ruhm und Ansehen der Streitkräfte retten, die anderen wollen die revolutionäre Theorie wahrmachen und die Macht mit Waffengewalt an sich reißen.

Man kann auch nicht sagen, daß die Gewalt in El Salvador auf der Verfassung beruhe, etwa in dem Sinne, daß die Verfassung die Gewalt gutheißt, um die öffentliche Ordnung und die Sicherheit des Staates zu erhalten. Es sind Angehörige der Sicherheitskräfte, paramilitärische Organisationen, Todesschwadronen, die bei der Verübung ihrer Gewalttaten durch staatliche Dekrete gedeckt werden, die mit der Verfassung nichts zu tun haben und die auch nicht auf einen Auftrag der Verfassung zurückzuführen sind, sondern die ihren Ursprung in der Ideologie der »nationalen Sicherheit« haben, die oft dem Geist der Verfassung unseres Landes entgegengesetzt ist.

Man kann auch nicht sagen, daß es sich hier um eine revolutionäre Gewalt handelt. Es ist zwar richtig, daß im Anfang der bewaffnete Kampf der Linken wie der Versuch einer Volkserhebung aussah, der von einem großen Teil der Bevölkerung El Salvadors unterstützt wurde, weil sie sich eine echte Revolution zur Herstellung der sozialen Gerechtigkeit erhoffte. Heute aber haben sich die Gewalttaten der Guerrilla vom wahren Ideal der Revolution weit entfernt. Heute ist die Revolution zu einem Kampf, fast möchte man sagen von Söldnern, degeneriert, der die elementarsten Interessen des Volkes stört, Unruhe stiftet und sogar Tod in das Volk trägt.

Man kann auch nicht sagen, daß die Gewalt in El Salvador eine Gewalt des Volkes sei. Weder übt das Volk solche Gewalt noch steht das Volk hinter irgendeiner Partei, die irgendeine Art von Gewalt übt. Es ist das Volk, das alle unseligen Folgen der Gewalt im Lande ertragen muß. Die Propaganda, die von rechts und links für die jeweiligen Projekte und Aktionen gemacht wird, um das Volk für sich zu werben, zeigt ganz klar, daß das Volk keine Gruppe unterstützt, die eine wie auch immer geartete Gewalt übt.

Wie einfach ist es doch zu sagen, was in El Salvador nicht Gewalt ist. Wie schwer ist es dagegen, Gewalt als Gewalt zu definieren. Es handelt sich ja um eine komplexe Situation der Gewalt, an der in größerem oder kleinerem Umfang alle bisher beschriebenen Arten von Gewalt teilhaben, ohne daß eine besonders hervorträte. Wenn wir aber trotzdem eine Definition des Problems in El Salvador wagen wollten, so könnten wir sagen: Die Toten, die körperlichen und seelischen Leiden, die materiellen Zerstörungen, die Schwächung der Zuversicht der Zivilbevölkerung als militärisches Ziel, das alles ist nichts anderes als ein explosionsartiges Aufbrechen des abnormalen Zustandes der sozialen Ungerechtigkeit, der seit langer Zeit in El Salvador herrscht, weil die Gesetze nicht angewandt oder einfach ignoriert wurden. Die-

ses Aufbrechen kam, als man das Übel der Ungerechtigkeit durch eine striktere Anwendung der
Gesetze heilen wollte, als man denen die Stimme
zurückgeben wollte, die sie niemals hatten, als man –
in einem Wort – die politische und soziale Ordnung
wiederherstellen und die strukturelle Korruption
beenden wollte.

In einem Wort: die Gewalt in El Salvador ist einerseits der Ausdruck der Wut von Revolutionären, die
die Dinge mit Waffengewalt ändern wollen. Zu gleicher Zeit ist sie der Ausdruck des leidenschaftlichen
und egoistischen Willens jener Rechten, die immer
noch nicht die soziale Ungerechtigkeit vom Volk in
El Salvador nehmen wollen. Wut und blinder Egoismus haben zu dieser Explosion der Gewalt geführt,
durch die so viele dem Moloch zum Opfer fielen,
gnadenlos, ohne eine Spur von Großmut, unmensch-
lich und ohne Achtung vor den Schwächsten.

4. Die Gegengewalt

Und was soll man nun über die Gegengewalt sagen?
Wie kann man die zerstörerische und rasende Gewalt
in El Salvador aufhalten? Nach unserer Meinung gibt
es nur einen Weg: das Übel an der Wurzel anpacken,
aus der jegliche Art der Gewalt in El Salvador
kommt, d. h. bei der sozialen Ungerechtigkeit. Wir
müssen dafür sorgen, daß wieder Gerechtigkeit für
alle herrscht. Hier aber liegt ein schwieriges Problem.
Einerseits hat die massive Kapitalflucht, die mit
Absicht vom unsozialen Kapital betrieben und durch
das korrupte System der diesen egoistischen Interessen dienenden Regierungen unterstützt wird, die
Wirtschaft des Landes in einen so desolaten Zustand
gebracht, daß soziale Gerechtigkeit auf einer wirtschaftlich derart schwachen Grundlage kaum zu
erreichen ist. Andererseits hat die Landwirtschaft,

die durch die Landreform ein Ausgleich für dieses Übel hätte sein können, aus zwei Gründen nicht die Leistung erbracht, die man sich erwartet hatte. Der erste Grund ist, daß die Landreform ein Minimum an Kapital benötigt, das sie aber nicht hat, und daß das Kapital, was ihr über Hilfen aus dem Ausland zugeleitet wird, in einer immer noch korrupten Struktur versickert. Des weiteren behindert die extreme Linke häufig die Bauern, sie fügt den materiellen Grundlagen unserer Wirtschaft schwere Schäden zu, insbesondere unseren elektrischen Überlandleitungen, und sie hält so den Arbeiter auf dem Land in Angst und verwehrt ihm die Möglichkeit, in Ruhe sein Land zu bebauen.

Als zweiter Grund ist anzuführen, daß jeder Ansatz zu einem wirtschaftlichen Aufschwung zum Scheitern verurteilt ist, da, wie ich schon ausgeführt habe, das Land von Korruption beherrscht wird. Seit die großen Kapitalisten aus unserem Land verschwunden sind, blieben diejenigen, die immer schon vom Reichtum träumten. Sie sind es, die jetzt de facto die wirtschaftlichen Geschicke des Landes lenken und alles Kapital, das in ihre Hände fällt, verschwindet wie durch Zauberei.

Im politischen Bereich zeigt die Regierung guten Willen, um die Gerechtigkeit in unserm Lande wiederherzustellen. Sie tut aber nicht mehr, weil es ihr an realer politischer Macht fehlt. Sie kann auch die Korruption nicht bekämpfen, denn es gibt immer noch viel Geld im Land, das dem besten Schützen mit erheblichen Summen winkt, wenn er den erledigt, der die Korruption und die Korrupten im Lande aufdecken will.

Ich will nicht leugnen, daß die augenblickliche Regierung z. B. verschiedene Maßnahmen gegen die Gewalt eingeleitet hat, um damit ein höheres Maß an Frieden zu erreichen. Leider ist die Regierung aber politisch nicht stark genug, um diese Maßnahmen wirklich zum Tragen kommen zu lassen.

Wir müssen aber doch anerkennen, daß es in den drei Organisationen, die ihre Entstehung dem Pakt von Apaneca verdanken, wie auch in vielen Ministerien, Leute mit guten Absichten gibt, die ihren Beitrag zur Wiederherstellung der Gerechtigkeit und des Friedens in El Salvador leisten wollen.

Die Wahlen vom März 1982 haben praktisch nicht dazu beigetragen, daß die Gewalt, die das Land erlebt, abgebaut wird. Die Wahlen waren kein wirksames Mittel, um die Gewalt zu stoppen. Dies erklärt auch, warum dem Pakt von Apaneca, der die mangelnde politische Kraft der Wahlen vom März 1982 ersetzen sollte, kein Erfolg beschieden war.

Die Offiziere, die hartnäckig die Proklamation der Streitkräfte nach dem Staatsstreich vom 15. Oktober 1979 unterstützten, sind aus den Reihen des Heeres fast völlig verschwunden. Heute gibt es fast nur noch die, die meinen, daß in den Sozialreformen trotz des wenigen, das getan wurde, schon zuviel getan wurde und daß man jetzt die Gewalt der Linken nur noch mit Waffen ausrotten könne. Die Militärs glauben, daß die Anwendung von kriegerischer Gewalt die beste Waffe der Gegengewalt sei. Aber diese Theorie, und bis jetzt bleibt es auch eine Theorie, denn in der Praxis hat sie sich als völlig ungeeignet erwiesen, hat als hauptsächliche Folge, daß die sozialen Reformen gebremst werden. Andererseits sind die Militärs mit ihren eigenen Problemen beschäftigt, mit der Frage nach ihrer Rolle, nach ihrer Ideologie, mit internen Führungsproblemen usw. Sie haben so kaum Zeit, sich dem wirklichen Problem zu widmen, der Ungerechtigkeit, unter der das Land leidet.

Die freien Wahlen vom März 1982 haben uns eine neue Legislative gebracht. Dies hätte ein Beitrag zur Gegengewalt sein können, um der Gewalt Einhalt zu gebieten. Aber die Korruption in den Parteien, die

Böswilligkeit einiger Parteien, die fehlende Reife bei anderen Parteien haben bewirkt, daß man sich in den Parteien und zwischen den Parteien in Probleme verbiß und so völlig den Auftrag der Wähler vergaß, den diese durch die Wahl zur Legislative und verfassungsgebenden Versammlung erteilt hatten. Deshalb mußte die Regierung den Pakt von Apaneca herbeiführen, um den Stimmen der Wähler vom März 1982 auch eine politische Antwort zu geben. Aber wie wir schon ausführten, hat der Pakt von Apaneca die Grenzen eines Aktes des guten Willens nicht überschreiten können, weil die gegenwärtige Regierung unserer Republik nicht über genügend politische Macht verfügt, um ihn in die Tat umzusetzen.

Als Alternative hat die FMLN-FDR einen Vorschlag unterbreitet, den bisher niemand ernstlich bedenken wollte. Es handelt sich dabei darum, den Dialog als Mittel gegen die Gewalt einzusetzen. Soweit ich sehe, hat dieser Vorschlag zur Gegengewalt in El Salvador kein positives Echo gefunden. Dies hat nichts mit fehlender Einsicht zu tun, denn jeder Salvadorianer weiß, daß dies ein angemessener Weg wäre, um so viel Gewalt ein Ende zu setzen. Es hat zu tun mit der Realität und mit der Gesellschaft in El Salvador, die tief gespalten ist, in der die Einzelinteressen noch völlig konträr sind, wo die Leidenschaften noch zu wenig abgekühlt und die Wunden noch viel zu frisch sind. Zu einem Dialog gehören wenigstens zwei Gesprächspartner. Es gibt zwei Parteien, die Rechte und die Linke, aber innerhalb dieser Parteien gibt es keinen Gesprächspartner, der sie im Dialog wirklich vertreten könnte, denn beide sind tief gespalten und können sich in der Frage des Dialogs nicht einigen. Außerdem sind die Linken viel zu sehr mit ihrem Vorhaben beschäftigt, die Macht mit Waffengewalt an sich zu reißen und die Rechten damit, die Macht, die sie schon so lange innehaben, zu bewahren.

Es mag sein, daß Sie meine Darstellung der Gegengewalt in El Salvador als zu negativ ansehen. Ich kann verstehen, daß es Ihnen so ergeht. Sicherlich, viele engagierte Personen in der Regierung sind korrekt und ehrenhaft, und außerdem verdienen die Stellen, die die Regierung eingerichtet hat, um den Frieden zu erreichen, unsere Zustimmung. Aber alle ihre Anstrengungen und ihr guter Wille gehen in ein Faß ohne Boden. Das Ziel ihrer Bemühungen ist ja nicht das Problem, das wirklich die Gewalt verursacht. Sie bemühen sich nicht, die soziale Gerechtigkeit wiederherzustellen, sondern sie sind auf Interessen gerichtet, die damit nichts zu tun haben und die dem Augenblick verhaftet sind. Diese negative Situation ist um so bedauerlicher, als sie ganz im Gegensatz steht zur heroischen Haltung des Volkes in El Salvador ganz allgemein. Das Volk hat sich dafür entschieden zu arbeiten, weil es so am besten beitragen kann, der Gewalt im Lande Einhalt zu gebieten. Mit seinem Sinn für die Realität widmet das Volk von El Salvador, das der Gewalt völlig abgeneigt ist, innerhalb der engen, vom Kriegszustand gesetzten Grenzen alle seine Kräfte zäh der täglichen Arbeit, um das Überlebensminimum für alle Bürger zu sichern.

5. Die Bemühungen um die soziale Gerechtigkeit

Und welche Anstrengungen unternimmt die Kirche zugunsten der sozialen Gerechtigkeit in unserem Land? Es wäre für Sie vielleicht zu lang und zu langweilig, hier die mühselige und grundlegende Arbeit darzustellen, die Erzbischof Luis Chávez y González von San Salvador über lange Zeit hin geleistet hat. Das Bemühen um die soziale Gerechtigkeit war eines seiner Ziele, die er mit Zähigkeit verfolgte. Ich brauche Ihnen nicht die Arbeit von Erzbischof Romero darzustellen, dessen Leistungen in dieser

Hinsicht Ihnen viel besser bekannt sind. Erzbischof Romero wurde durch sein prophetisches Wort und durch seine Kritik an der Ungerechtigkeit zur Säule der sozialen Gerechtigkeit in El Salvador.

Ich möchte hier die Arbeit darstellen, die ich in El Salvador geleistet habe, seit mich der Hl. Stuhl als Apostolischen Administrator der Erzdiözese San Salvador eingesetzt hat und seit er mir nunmehr als Hirte, als Erzbischof die Erzdiözese anvertraut hat.

Als Mann der Kirche habe ich alle Initiativen der Regierung unterstützt, die zum Ziel hatten, die soziale Gerechtigkeit für alle wiederherzustellen. Ich habe deshalb geduldig alle Kritik an meiner Haltung ertragen, die von denen geäußert wurde, die glauben, daß diese Initiativen der Regierung nur dazu dienen sollen, die Unterdrückung zu rechtfertigen. Ich habe mit der Kraft des Evangeliums die Unterdrückung verurteilt, weil sie die Gerechtigkeit verhindert. Ich habe die Korruption angeklagt. Ich habe immer wieder hartnäckig den Dialog gefordert, weil er auf angemessene Weise der Gewalt ein Ende setzen kann und uns die politische Möglichkeit gibt, daß wir gemeinsam, alle Bewohner von El Salvador zusammen, ohne Ausnahme, nach Wegen zur sozialen Gerechtigkeit suchen. Ich habe mit Nachdruck meinen Vorsatz verfolgt und werde davon auch nicht ablassen, die ausländischen Mächte davon abzubringen, daß sie in die schon schwierige interne Situation in El Salvador eingreifen. Ich bin überzeugt, daß dieses Eingreifen die wahren Ursachen für unser Problem auf die falschen Ebenen verlagert. Unser Problem ist von Grund auf ein Problem der sozialen Ungerechtigkeit und nicht ein Problem von Rüstung und Krieg im Rahmen des weltweiten kriegerischen Wettlaufs zwischen den beiden Weltsupermächten.

Ich bin zutiefst davon überzeugt: Es gibt nicht den Frieden, weder allgemein noch in der Form des Rüstungsstopps, den wir in El Salvador suchen und erreichen müssen, ohne die Situation der sozialen Ungerechtigkeit zu beheben. Wenn wir das verstanden haben, dann bedeutet dies ipso facto, daß wir uns nicht weiter um die Rüstung kümmern, sondern daß wir uns bemühen sollten, mit den notwendigen wirtschaftlichen, sozialen und soweit nötig militärischen Mitteln und auch mit dem menschlichen Potential die soziale Gerechtigkeit in unserem Lande wiederherzustellen.

Wir verkünden die soziale Gerechtigkeit und zeigen die Korruption auf, die sich in allen Formen der Gewalt findet. Wir beschäftigen uns aber auch mit einem Aspekt der sozialen Gerechtigkeit, der in Kriegszeiten besonders wichtig ist, nämlich der wichtigen Sorge für die grundlegenden Nöte der Bevölkerung. Da sind die seelischen Nöte, wo wir helfen, damit die geistigen und menschlichen Werte in der Bevölkerung El Salvadors auch weiterhin hochgehalten werden. Da sind die geistlichen Nöte, wo wir helfen, um in der Bevölkerung den Glauben zu stärken, denn die religiöse Dimension ist ein überaus wichtiges Element, um in unserem Volk den Wunsch nach der Gerechtigkeit wachsen zu lassen. Da ist die materielle Not, wo wir unsere Hilfe zur Linderung der dringendsten Bedürfnisse vieler Flüchtlinge und der Opfer aller möglichen Formen von Gewalt einsetzen. Da ist die Not in Fragen des Rechts, wo wir mit juristischer Beratung helfen, da wo die Gewalt heute die Rechte der Menschen mit Füßen tritt und wo wir versuchen, Schritte zu unternehmen, um das Los der politischen Gefangenen zu erleichtern und ihnen zur baldigen Rückkehr in die Freiheit zu verhelfen.

Schlußbemerkung

Zum Abschluß möchte ich gerne auf die solidarische Hilfe verweisen, die so viele Organisationen in aller

Welt in unserem Lande leisten, im aufrichtigen Wunsch, uns zu helfen, eine Lösung für unser Problem zu finden.

Ich möchte hierbei vor allem auf die Organisationen in der Bundesrepublik Deutschland hinweisen und ganz besonders auf die katholische Kirche hier, die so viel Hilfe El Salvador und im besonderen der katholischen Kirche in meinem Land gibt, damit sie den an sie gestellten Forderungen auf dem Gebiet der sozialen Gerechtigkeit entsprechen kann. Diese Hilfen unterscheiden sich wie Licht und Schatten von jenen anderen, falschen Bekundungen von Solidarität, die einseitig die Lösung des Gewaltproblems suchen und dabei die Dinge nur komplizieren und die Agonie unseres Volkes noch verlängern.

Jürgen Aretz

Werden wir einseitig informiert? – Probleme der Kommunikation zwischen Lateinamerika und Deutschland

Lateinamerika nimmt im politischen Interesse Europas und im besonderen der Bundesrepublik Deutschland breiten Raum ein. Die Unterdrückung in verschiedenen Ländern des Kontinents, die mit der Ideologie der nationalen Sicherheit verbrämt wird, die Ausbeutung der Massen durch Oligarchien – so heute noch in Guatemala oder bis 1979 unter dem Diktator Somoza in Nicaragua – und vor allem die unglaublichen Menschenrechtsverletzungen in Argentinien, Chile und anderen Staaten müssen in der Tat jeden zivilisierten Menschen mit Abscheu und Verachtung erfüllen. Der Ruf nach sozialer Gerechtigkeit, nach wirksamen Reformen, Boden für die landlosen Bauern, Bildung für die Massen und sozialer Sicherheit für die Industriearbeiter, verhallt auch heute noch vielfach ohne sichtbares Echo. In Guatemala, so ein dort wirkender Bischof, gelte vielen Vertretern der Oligarchie schon als Kommunist, wer einem Bettler ein Stück Brot gebe.
Hier tritt ein irrationaler Antikommunismus hervor, der für weite Teile der Oberschicht in den Ländern Lateinamerikas kennzeichnend ist. Als Kommunist wird abgestempelt, wer die traditionellen Machtstrukturen in Frage stellt und damit die Machtposition der Oberschicht schwächt. Sozial engagierte Christen, christliche Demokraten und Gewerkschafter stellen folgerichtig einen großen Teil der Mordopfer rechtsextremer Todesschwadronen.
Die Konsequenz dieses irrationalen Antikommunis-

mus liegt nahe: Dadurch, daß rechtsextreme Regime ein geradezu primitives kommunistisches Feindbild aufbauen und mit dieser angeblich unmittelbaren Bedrohung Gewaltmaßnahmen und Terror begründen, treiben sie im besonderen junge Menschen kommunistischen Agitatoren in die Arme. Das wird erleichtert durch die Tatsache, daß man über den Marxismus-Leninismus wenig weiß – übrigens bei Herrschenden wie bei Beherrschten – und daß Lateinamerika über eine konkrete Kommunismus-Erfahrung mit all den Widerlichkeiten, die Europa im Osten seines Territoriums erlebt hat und erlebt, nicht verfügt. Von Kuba, dem einzigen kommunistischen Staat Lateinamerikas, weiß man drüben nicht viel mehr als hier. Das Regime Fidel Castro läßt ausländische Journalisten eben nicht in der Weise arbeiten, wie dies das häufig als »Rechtsdiktatur« apostrophierte El Salvador tut.

Die Kritik an den sozialen und politischen Zuständen und die Suche nach Bündnispartnern im Kampf für ihre Überwindung hat viele Oppositionelle in Süd- und Mittelamerika tatsächlich in das kommunistische Lager geführt. Dieser Prozeß war nicht zwangsläufig, vielmehr ist er auch Folge der Tatsache, daß die westlichen Demokratien die oligarchischen Regime in Lateinamerika nicht rechtzeitig und nicht intensiv genug zu sozialen und demokratischen Reformen genötigt haben.

Die Situation in einigen Ländern Lateinamerikas ist nicht nur unbefriedigend, sie ist unerträglich. Ähnliches gilt freilich auch für nicht wenige Staaten Afrikas und Asiens. So müssen wir uns die Frage stellen, warum sich das Interesse ausgerechnet auf Lateinamerika richtet, und wie die vermeintliche Urteilssicherheit zu erklären ist, mit der sich viele Deutsche zu den dortigen Verhältnissen äußern. Die Frage des europäischen Interesses an Lateinamerika ist für Spanien und Portugal angesichts der geschichtlichen

Verbindungen schnell zu beantworten. Wie aber steht es speziell mit der Bundesrepublik Deutschland? Besonders historische Beziehungen zu Lateinamerika gibt es nicht, auch keine nennenswerten kolonialgeschichtlichen Verbindungen. Die deutsche Auswanderung, besonders nach Brasilien, Argentinien und Chile erreichte nicht annähernd jenen Umfang, der für Nordamerika zu verzeichnen ist. Das wirtschaftliche Interesse Deutschlands an Südamerika bezieht sich auf Märkte und nicht auf Menschen, und im übrigen werden die besonders seit dem Zweiten Weltkrieg entstandenen ökonomischen Beziehungen vielfach überschätzt. Zwischen Deutschland und Lateinamerika gibt es aufgrund der Schulsysteme hohe Sprachbarrieren, im Geschichts- und Geographieunterricht an unseren Schulen spielt der Kontinent keine besondere Rolle.

Auch der Hinweis auf das allgemein gestiegene Interesse für Probleme der sogenannten »Dritten Welt« oder den Nord-Süd-Konflikt liefert keine befriedigende Erklärung, weil das Interesse vielfach einseitig auf Lateinamerika fixiert ist. Woher also dieses Interesse? Woher, um es konkreter zu sagen, das besondere Interesse für die sozialen und politischen Probleme dieses Kontinents und für die Menschenrechtsverletzungen speziell in Lateinamerika?

Die neuen militärischen Auseinandersetzungen in Nicaragua, die sich zum Bürgerkrieg auszuweiten drohen, nehmen in unseren Nachrichtensendungen breiten Raum ein. Wer spricht heute noch in Europa oder – für uns näherliegend – in der Bundesrepublik über die Vorgänge in Uganda oder Äthiopien, über den Freiheitskampf Afghanistans, wer spricht über die Unterdrückung auf den Philippinen, die Konzentrationslager in Vietnam oder die seltsamen Todesfälle von Priestern in Litauen?

Das Interesse für Lateinamerika verbindet sich häufig mit feststehenden apodiktischen Urteilen über

Ideen, Menschen und Institutionen: mit einer bemerkenswerten moralischen Urteilssicherheit werden die Rollen zwischen »gut« und »böse« verteilt. Die Faktenkenntnisse über diesen Kontinent sind freilich oft beklagenswert schlecht. Häufig wird Lateinamerika hier in Deutschland undifferenziert als kultureller, sozialer und wirtschaftlicher Monolith gesehen, oder man sucht die lateinamerikanischen Realitäten mit europäischen Kategorien zu erfassen, ein im Ansatz verfehltes Unterfangen. Diese eurozentrische Betrachtungsweise verbindet sich nicht selten mit einer besserwisserischen Attitüde, die sich bei näherem Zusehen als eine Form von intellektuell-neokolonialistischer Bevormundung decouvriert, etwa, wenn in Stellungnahmen oder Publikationen von den »wirklichen« oder »wahren« Interessen der Bevölkerung die Rede ist.

Die Intensität, mit der man sich speziell in unserem Land Lateinamerika widmet, und die Art, wie die Probleme des Kontinents diskutiert und politisch behandelt werden, geben zu verschiedenen Überlegungen Anlaß. Noch vor zwei Jahrzehnten stand Lateinamerika weit weniger im Blickpunkt des Interesses. Vielmehr wurde die Aufmerksamkeit – soweit man sich überhaupt für andere als europäische bzw. nordamerikanische Fragen interessierte – auf Afrika gelenkt, das sich im Prozeß der Entkolonialisierung befand. Lateinamerika schien dagegen eine untergeordnete Rolle zu spielen.

Daß sich dies änderte, steht im Zusammenhang mit dem revolutionären Umwälzungsprozeß in Kuba. Der kubanische Revolutionsheld Che Guevara wurde in der Folge zu einer Symbolfigur der sogenannten Studentenbewegung, mit dem Kolumbianer Camillo Torres trat zum erstenmal ein lateinamerikanischer Priester in unser Bewußtsein, der zur Waffe gegriffen hatte, um die ihm notwendig erscheinenden Veränderungen gewaltsam herbeizuführen.

Im kirchlichen, speziell im katholischen Bereich, hatte die Wiederentdeckung Lateinamerikas als des »katholischen« Kontinents die Gründung der bischöflichen Aktion ADVENIAT zur Folge. Diese Aktion, in Essen 1961 gegründet und zunächst als einmalige Initiative gedacht, führt den Untertitel »Hilfe der deutschen Katholiken für die Kirche in Lateinamerika«. In mehr als 20 Jahren hat ADVENIAT nicht nur viel Gutes in Lateinamerika vollbracht, vielmehr hat diese Einrichtung auch qualifizierte, von kirchlichen und politischen Einseitigkeiten freie Informationsarbeit geleistet, ohne selbst in den Vordergrund zu treten. Hier liegt ein Erklärungsgrund für das katholische Interesse an Lateinamerika.

Wer informiert? – Die Frage der »authentischen« Unterrichtung

Aber das öffentliche Interesse an diesem Kontinent geht ja weit über den kirchlichen Bereich hinaus. Vielleicht kommen wir der Erklärung für das spezielle Interesse an Lateinamerika näher, wenn wir fragen, wer über diesen Kontinent informiert, in welcher Weise das geschieht und welche persönlichen Kontakte bestehen. Gerade dieser Punkt gewinnt insofern an Bedeutung, als die meisten Deutschen keine Lateinamerika-Erfahrung haben und persönliche Begegnungen mit Lateinamerikanern selten sind.

Kommt es zu solchen Begegnungen, so handelt es sich weniger um Persönlichkeiten aus Politik, Wirtschaft und Kultur, als vielmehr um kirchliche Persönlichkeiten, die über die Kontakte zu ihren deutschen Amtsbrüdern und zu den Hilfswerken hinaus auch öffentlich auftreten. Sehen wir ab von den aus Deutschland stammenden Bischöfen, Priestern und Ordensleuten, so ist dieser Kreis nicht sehr groß.

Während es aber unter kritischen Demokraten selbstverständlich ist, Vertreter verschiedener Positionen zu hören, um so zu einer politischen Meinungsbildung zu kommen, gehen nicht wenige von ihnen hinsichtlich ihrer kirchlichen Meinungsbildung von einem wenig realitätsbezogenen Einheitlichkeitsbild aus: man hört einen kirchlichen Vertreter etwa aus Brasilien, das die Größe und die vielfältigen Probleme eines ganzen Kontinents aufweist, und glaubt sich aufgrund dieses »authentischen« Berichtes umfassend informiert. Angesichts der Tatsache, daß es inzwischen für einige Länder Lateinamerikas selbst auf der Ebene der Bischofskonferenz nicht unproblematisch ist, hinsichtlich der kirchlichen und politischen Positionen von »einer« katholischen Kirche zu sprechen, wäre es um so wichtiger, verschiedene Stimmen zu hören.

Tatsächlich sehen die Dinge im Augenblick aber etwas anders aus. Informations-, Initiativ- und Solidaritätsgruppen, auch viele Pfarrgemeinden und katholische Organisationen laden vor allem solche kirchlichen Vertreter aus Lateinamerika und speziell Zentralamerika ein, die durch spektakuläre Positionen oder Aktivitäten bzw. durch ihr politisches Handeln Publizität erlangt haben. Jener Pater, der im bolivianischen Hochland unter Indios arbeitet und bis an die Grenze seiner physischen Leistungsfähigkeit geht, der auf jeden zivilisatorischen Fortschritt verzichtet, weil er nicht besser leben will als die ihm anvertraute Indio-Gemeinde, ist in diesem Sinne wenig interessant. Er hat es nicht vermocht, seine Tätigkeit politisch »einzuordnen« oder er hat dies zumindest nicht publizistisch wirkungsvoll genug getan. Dieser Pater – übrigens keine fiktive Gestalt – ist daher nicht interessant genug, und er wird keine Einladung erhalten – weder durch den »Katholikentag von unten« noch durch katholische Studentengemeinden.

Auch Pater Bismarck Carballo, jener regimekritische Pater, der in Managua mit Waffengewalt gezwungen wurde, sich zu entkleiden und unter dem Vorwurf, ein in flagranti ertappter Ehebrecher zu sein, vor die »zufällig« bereitstehenden Kameras des nicaraguanischen Fernsehens gejagt wurde, wird keine Einladung erhalten. Carballo dürfte das »falsche« Bewußtsein haben.

Obwohl beide Patres über ihren Wirkungsbereich authentische Aussagen machen könnten, werden sie nicht die Gelegenheit erhalten, in entsprechenden Kreisen und Gruppen vorzutragen, und selbst die Spalten mancher katholischer Publikationen bleiben ihnen verschlossen. Anders sieht es für jenen nicaraguanischen Priester aus, der sich zwar ostentativ Bischof und Papst widersetzt und – viel entscheidender – christliche Glaubenswahrheiten öffentlich in Frage stellt[1], aber durch seine politische Tätigkeit und sein poetisches Schaffen eine ganz neue christliche Qualität erreicht zu haben scheint. Unter dem wohlmeinenden Beifall sonst kirchenkritischer bzw. antiklerikaler Medien darf Ernesto Cardenal in Deutschland den Mythos einer Revolution ohne Rache kultivieren.

Wie für diesen gilt auch für viele andere nach Deutschland eingeladene Besucher aus Lateinamerika, daß sie Auffassungen vertreten, die von extremer Parteilichkeit gekennzeichnet sind und nur Teilbereiche bzw. Minderheiten der Kirche repräsentieren. Es ist unbestreitbar notwendig, auch diese Auffassungen zur Kenntnis zu nehmen, damit eine umfassende Meinungsbildung und eine realistische Einschätzung möglich werden. Problematisch gestaltet sich die Informationslage für die Allgemeinheit aber dann, wenn solche Positionen überwiegend oder ausschließlich präsentiert werden. Bisweilen geht die Einseitigkeit so weit, daß katholische Veranstalter die hier angesprochenen Auffassungen als die einzig denkbaren oder die einzig moralisch vertretbaren darstellen – möglicherweise gar noch in direkter Gegenüberstellung zu der Haltung des zuständigen Bischofs, wie dies etwa im Falle des Erzbischofs von Managua, Obando y Bravo, geschieht. Mitunter werden solche Taktiken angewandt, um die politischen Ziele einzelner Gruppen in der Bundesrepublik zu stützen. Redlichkeit und Anstand bleiben auf der Strecke, die so informierte Öffentlichkeit wird manipuliert – gelegentlich widerfährt das auch den lateinamerikanischen Gästen.

Ähnliche Probleme, wie sie hinsichtlich der Auswahl und des Auftretens mancher Besucher aus Lateinamerika bestehen, treten auch auf, wenn Reisende aus Deutschland Mittel- und Südamerika besucht haben. Über das Echo entscheidet in erster Linie der Bekanntheitsgrad der Reisenden, nicht ihre Sachkenntnis. Je weniger prominent sie sind, je weniger sie nach ihrer Rückkehr hier vorherrschende Auffassungen bestätigen und je weniger spektakulären Charakter ihre Ausführungen haben, desto geringer ist das Echo auf solche Berichte.

Als dagegen Anfang 1982 eine selbsternannte »ökumenische Delegation« mit dem katholischen Theologen Greinacher und dem evangelischen Theologen Päschke aus Zentralamerika zurückkehrte, standen beiden die Gazetten offen – zumal Päschke mit bemerkenswerten Äußerungen über die Kirche in El Salvador aufwartete. So führte er im Westdeutschen Fernsehen u. a. aus: »Die Bischofskonferenz wird dominiert durch die drei nicht nur konservativen, durch die drei reaktionären Militärbischöfe Aparicio, Alvarez, Revelo. Das sind Leute, die ihre eigenen Gemeindemitglieder in Kirchen durch das Militär ermorden lassen.«[2]

Nicht nur die betroffenen Bischöfe, sondern auch der »reaktionärer« Auffassungen gewiß unverdächtige Erzbischof von San Salvador und enge Vertraute des ermordeten Erzbischofs Romero, Rivera Damas, haben diese Behauptung entschieden zurückgewiesen. Päschke selbst wurde durch den katholischen Fernseh- und Hörfunkbeauftragten beim Westdeutschen Rundfunk, Pater Dr. Hermann-Josef Burbach, zweimal schriftlich dazu aufgefordert, den Beweis für seine Behauptung anzutreten[3]. Päschke, der nicht antwortete, hat sich dazu offensichtlich nicht im Stande gesehen. Frei nach dem Motto »aliquid semper haeret« wurden hier Persönlichkeiten diskreditiert, die sich über eine Entfernung von 9000 Kilometern nicht zur Wehr setzen konnten. Das Vorgehen Päschkes – übrigens nicht atypisch für Teile einer gewissen »Lateinamerika-Szene« – zeigt eine moralische Qualität, die auch nicht unter Hinweis auf das besondere persönliche Engagement entschuldigt werden kann. Es ist bedauerlich, daß die Redaktion des WDR-»Auslandsstudios« keinen kirchlichen Gesprächspartner eingeladen hatte – und auch später nicht einlud –, um das Fernsehpublikum korrekt zu informieren und die persönliche Ehre der salvadorianischen Bischöfe wiederherzustellen.

Dieser Berichterstattung Päschkes über die Kirche in El Salvador, deren Qualifizierung sich erübrigt, entsprechen außerordentlich erstaunliche Mitteilungen über die Verhältnisse in Nicaragua. Nach Rückkehr von einer Reise, die sie im September 1982 unternommen hatten, verbreiteten sich Franz Alt, Günter Grass und Johano Strasser in dem renommierten Wochenblatt »Die Zeit«, in der »Frankfurter Rundschau«, der »Süddeutschen Zeitung« und in anderen Publikationsorganen.

Grass gestand dem Leser der »Zeit«[4] mit ungewohnter Bescheidenheit, wie unwissend er doch vor dieser Kurzvisite Nicaraguas gewesen sei. Ein wichtiger Gesichtspunkt ist für ihn die vermeintliche Tatsache, daß die »Amtskirche« immer wieder die sandinistische Regierung provoziere. Halten wir Grass zugute, daß er vor dem Papst-Besuch in Nicaragua war und jene unglaublichen Manipulations- und Störungsversuche nicht vorausahnen konnte, mit denen das sandinistische Regime Papst und Ortskirche zu desavouieren suchte. Sandinistische Aktionen dieser Art hatten auch kritische Beobachter der nicaraguanischen Situation nicht für möglich gehalten. Grass hätte freilich von anderen gegen die Kirche in Nicaragua und im besonderen gegen den Erzbischof von Managua, Obando y Bravo, gerichteten Aktionen Kenntnis haben können. So etwa davon, daß kirchliche Feiern gezielt durch administrative Maßnahmen behindert werden, daß die Sandinisten inzwischen Predigten zensieren wollen, daß die Fernsehübertragung der Sonntagsgottesdienste Obandos unterbunden wurde – was übrigens selbst der Diktator Somoza nicht gewagt hatte –, daß die Telephonleitung des Erzbischofs Tag und Nacht überwacht wird, daß Obando ständigen physischen Drohungen ausgesetzt ist bis hin zu der, er werde bei einem »Verkehrsunfall« ums Leben kommen.

Freilich ist die fragwürdige Darstellung des Verhältnisses von Regierung und Kirche nur ein Aspekt des Berichtes. Es fällt grundsätzlich auf, daß Grass seinen für den Literaturbereich unbestreitbaren Kompetenzanspruch wie selbstverständlich auf ein ihm fremdes und – wie die ideologische Einseitigkeit des Berichtes dokumentiert – unzugängliches Feld überträgt. Die Übertragung von Kompetenzansprüchen ist für zeitgenössische Literaten heute sicher kein ganz ungewöhnlicher Vorgang mehr. Dennoch wird die gewünschte Wirkung erzielt: der weniger kritische Leser ist nur allzu leicht geneigt, Günter Grass auch als qualifizierten Kenner Zentralamerikas zu akzeptieren.

Der Reisebericht von Günter Grass, der in verschiedenen Blättern erschien, hatte übrigens noch ein Nachspiel. Die einzige Oppositionszeitung Nicaraguas, »La Prensa«, suchte die einseitig-unkritische Darstellung des deutschen Schriftstellers zu korrigieren, was ihr von der sandinistischen Zensur unmöglich gemacht wurde. Daraufhin ließ »La Prensa« den Text der »Frankfurter Rundschau« zugehen, die ihn dankenswerterweise abdruckte[5]. »La Prensa« spielte in der Geschichte Nicaraguas eine besondere Rolle: Die Ermordung ihres Chefredakteurs Pedro Joaquín Chamorro bildete 1978 das Fanal für die letzte Phase der revolutionären Erhebung gegen den Diktator Somoza. Die Unterdrückung des Blattes unterscheidet sich heute kaum von der vor 1979.

Der promovierte Politologe Franz Alt unterrichtete uns nach seiner Rückkehr aus Nicaragua in einem mehrseitigen »Spiegel«-Artikel darüber, daß im Amtszimmer von Innenminister Tomás Borge – eines wegen seiner Brutalität von Oppositionellen gefürchteten Politikers – »14 Kruzifixe zu sehen (seien), aber nur ein Castro-Porträt«; mithin könne Borge kein Marxist-Leninist sein. In der Konsequenz solcher Argumentation würde es liegen, Frömmigkeit für das erste Motiv von Kunstsammlern und Devotionalienhändlern zu halten.

Johano Strasser schließlich verstand nach seiner Reise, wie er in der »Süddeutschen Zeitung« schrieb[6], die nicaraguanische Revolution als »human«. Da man Strasser nicht unterstellen kann, daß sein Humanitätsverständnis das »Verschwindenlassen« und die Ermordung politischer Gegner abdeckt, muß auch er nach den Informationsgrundlagen seines Berichtes gefragt werden. Ohne Mühe hätte Strasser aus glaubwürdigen Quellen – etwa von der authentischen Menschenrechtsorganisation Nicaraguas, die von den Sandinisten buchstäblich ins Exil geprügelt wurde – erfahren können, daß seit 1979 mehrere Hundert namentlich bekannte Personen in Nicaragua »verschwunden« sind, und die Angaben über die Zahl der getöteten politischen Gegner der

Sandinisten liegen zwischen 2000 und 5000 (so etwa Edén Pastora, nach der Revolution stellvertretender Verteidigungsminister, jetzt in bewaffnetem Kampf gegen das Regime). Diese Zahlen beziehen sich im übrigen nicht auf die militärischen Auseinandersetzungen der letzten Monate. Auch die vollständige Abschaffung der Folter gehört, wie Anwälte politischer Häftlinge mit Fotos belegen, zu den sandinistischen Revolutionslegenden.

Solche Einladungen und Reisen wie der von Päschke, Greinacher, Grass, Alt oder Strasser und ihre anschließende publizistische Umsetzung sind kaum dem Zufall zuzuschreiben. Die letztgenannten unternahmen ihre Reise übrigens auf Einladung von zwei sandinistischen Ministern[7].

Initiativ-, Informations- und Solidaritätsgruppen: Informationspolitik und »Waffen für El Salvador«

Die publizistische Auswertung der Reisen, die Verbreitung einschlägiger Informationen und Berichte ist das Ziel eines weitverzweigten Organisationsnetzes. Zahlreiche Initiativ-, Informations- und Solidaritätsgruppen bzw. -büros betreiben Öffentlichkeitsarbeit für die ihnen nahestehenden politischen und militärischen Kräfte, so etwa das »Informationsbüro Nicaragua e. V.« in Wuppertal für die sandinistische Regierung oder die »Informationsstelle El Salvador« in Köln für die salvadorianische Guerilla. Über die Öffentlichkeitsarbeit hinaus werden bisweilen auch konkrete Hilfen organisiert, die von rein humanitären Medikamentensammlungen bis zu Spendenaktionen reichen, um Waffenkäufe der Guerilla zu finanzieren. So brachte die Spendenaktion »Waffen für El Salvador« der »Freunde der alternativen Tageszeitung« in Berlin bis zum Oktober 1982 über 3,1 Millionen DM[8]. Offensichtlich sieht man bei der

»TAZ« bzw. ihrem Freundeskreis keinen Widerspruch darin, einerseits zu Waffenkäufen beizutragen und sich andererseits der deutschen Friedensbewegung verbunden zu fühlen.

Die vielfältigen, oft aktionistischen Unternehmungen der beschriebenen Gruppen und ihre dogmatischen, bisweilen sektiererisch anmutenden Verlautbarungen lassen den Eindruck aufkommen, daß es sich um eine Art Gemeinde handelt. Wie ideologisch-gläubig diese Gemeinde allen von den politischen Führungsorganisationen bzw. -persönlichkeiten vorgegebenen Positionen folgt, mögen zwei Beispiele aus dem Frühjahr 1983 dokumentieren.

Anfang April dieses Jahres wurde in Managua die salvadorianische Guerillaführerin Montes (Comandante Ana Maria) ermordet. In einer ersten Stellungnahme machte der nicaraguanische Innenminister Borge den US-Geheimdienst CIA für den Anschlag verantwortlich. Der in Berlin ansässige »Informationsdienst El Salvador« übernahm diese Darstellung ohne Zögern[9]. Wenige Tage später verbreitete Radio Managua, daß als Mörder von Comandante Ana Maria Mitglieder der salvadorianischen Guerilla verhaftet worden seien.

Ein anderer bekannter Fall ist der des salvadorianischen Guerillaführers Montenegro. Er wurde im vergangenen Jahr in Honduras von Sicherheitskräften festgenommen und machte in der Folge aufschlußreiche Aussagen, die u. a. den mangelnden Rückhalt der Guerilla bei der salvadorianischen Zivilbevölkerung erkennen ließen. Einen entsprechenden Bericht in der »Frankfurter Allgemeinen Zeitung« wiesen der »Informationsdienst El Salvador« und die alternative »TAZ« mit Empörung als »Geheimdienstjournalismus« zurück. Vielmehr suchten sie den Eindruck zu erwecken, es handle sich um eine gegen die Guerilla gerichtete Propaganda-Aktion. Inzwischen verkündete der salvadorianische Guerilla-Sender »Radio

Venceremos«, Montenegro sei in Abwesenheit zum Tode verurteilt worden und bestätigte damit, daß sich der frühere Kampfgefährte von der Guerilla abgewandt hatte. Auch in diesem Fall hatten sich deutsche Sympathisanten zu früh solidarisiert und eifernd festgelegt. Gleichwohl war nicht zu beobachten, daß der »Informationsdienst« durch die von Managua zu verantwortende Fehlleitung länger anhaltenden Irritationen ausgesetzt gewesen wäre.

Nicht immer freilich arbeiten die genannten Einrichtungen mit offenen Karten, wie der »Informationsdienst El Salvador«, der seine Nähe zur salvadorianischen Guerilla nicht bestreitet. Ein über Guatemala informierendes »Comité Justicia y Paz« erweckt durch die Namensgebung den Eindruck, es handle sich um eine der nationalen bischöflichen »Justitia et Pax«-Kommissionen. Tatsächlich arbeitet dieses Komitee ohne Auftrag und Verbindung zu der Guatemaltekischen Bischofskonferenz.

Das »Comité Justicia y Paz« wird übrigens in der nächsten Woche (13.–15. Mai 1983) Teilnehmer zu einem Kongreß entsenden, der sich in Limburg mit dem Thema »Christen und Mittelamerika: Solidarische Kirche – Solidarisches Handeln« befaßt, und zu dessen Gästen wieder einmal Fernando Cardenal gehört. Vertreter der Bischofskonferenzen Mittelamerikas oder von ihnen legitimierte Mitwirkende sucht man in der Gästeliste vergebens; auch über entsprechende Absagen wird nichts mitgeteilt. Alles deutet darauf hin, daß die Veranstalter an solche Gäste gar nicht gedacht haben. Hätten sie das liebgewordene, in vielfachen Selbstbestätigungen bewährte Bild von der Lage in Zentralamerika zerstört?

Beklommen macht der Trägerkreis dieser Tagung: Katholische Junge Gemeinde, Bundesleitung; Aktion Sühnezeichen/Friedensdienst e. V.; Deutsche Pfadfinderschaft St. Georg, Referat Entwicklungsfragen; Aktion Selbstbesteuerung; Arbeitsgemeinschaft evangelischer Schülerarbeit; – pax christi Bistum Köln, Limburg, Münster, Paderborn; pax christi Basisgruppe Hamburg, Dortmund, Lorch, Idstein, Wiesbaden, Bremen, Tübingen, Frankfurt; – BDKJ Diözesanleitung Limburg, Köln, Trier; – CAJ Diözesanleitung Limburg; – Kirchliche Bruderschaft im Rheinland; Studentenschaft der ev.-ref. Kirche in Nordwestdeutschland; Verband der Christlichen Pfadfinderinnen und Pfadfinder Niedersachsens; ESG Essen; Leiterkreis der Jugendakademie Walberberg; Betriebsseelsorgegruppe Höchst; Junge Aktion Ackermann Gemeinde; Forum für internationale Friedensarbeit e. V.; – Informationsstelle El Salvador (Köln); Informationsstelle Guatemala (Münster); Informationsbüro Nicaragua (Wuppertal); Informationsstelle Lateinamerika (Bonn); – Gemeinde Christ-König, Eschborn; Hungerhilfe Nicaragua der ev. Thomaskirchengemeinde Düsseldorf.

Bliebe noch die interessante Frage, aus welchen Töpfen diese Tagung – die nur stellvertretend für andere Beispiele steht – finanziert wurde. Jedenfalls sind unter den kirchlichen Veranstaltern eine ganze Reihe, die erhebliche Zuwendungen aus kirchlichen Haushaltsmitteln erhalten. Ob es z. B. die Bischöfe Nicaraguas verstehen, daß solche Gelder für propagandistische Aktionen verwendet werden, die sich – bewußt oder unbewußt – gegen sie und die von ihnen geleitete Ortskirche richten?

Die Bedeutung dieser und ähnlicher Tagungen für bestimmte Zielgruppen – besonders für junge Christen – sollte nicht unterschätzt werden. Für die breite Öffentlichkeit sind sie freilich von untergeordneter Bedeutung. Die Bewußtseinsbildung der Allgemeinheit wird weit eher durch das Fernsehen, die Rundfunkanstalten und die Zeitungen bestimmt.

Vor einem Jahr wurde dem Deutschen Fernsehen die Gelegenheit geboten, einen aktuellen Film des honduranischen Fernsehens zu übernehmen, der in erschütternden Bildern das Schicksal nicaraguanischer Flüchtlinge dokumentierte. Ein Teil dieser Menschen war auf der Flucht von der sandinistischen Luftwaffe bombardiert worden; mit schrecklichen Verwundungen vegetierten sie nun in armseligen Hütten. Die betreffende Fernsehanstalt teilte mit, zu ihrem Bedauern könne der Film aus technischen Gründen (!) nicht übernommen werden.

Als wenige Monate später die bereits erwähnte Delegation Alt, Grass, Strasser und andere Nicaragua besuchte, war eine Kamera des Deutschen Fernsehens aus naheliegenden Gründen dabei. Dem staunenden Fernsehpublikum wurde später ein Film besonderer Art vorgeführt. Im Beisein von Innenminister Borge – von dessen persönlicher Brutalität Nicaraguaner überzeugend berichten – sollte sich ein politischer Häftling zu den Haftbedingungen äußern. Wie nicht anders zu erwarten, tat er es in der gewünschten regierungsfreundlichen Weise. Statt des kritischen Journalismus, der für eine freiheitliche Demokratie lebensnotwendig ist und der zugleich eine Legitimationsgrundlage des öffentlich-rechtlichen Rundfunksystems darstellt, wurde hier sandinistischer Hofjournalismus präsentiert. Und leider ist das kein Einzelfall.

Eine spezielle Rundfunkdarstellung erfuhr die Intrige, mit der man Pater Bismarck Carballo diskreditieren wollte, der in Managua den katholischen Rundfunksender leitet. Ich habe den Fall bereits kurz dargestellt. Selbst Johano Strasser hat in diesem Zusammenhang von einem »Eigentor« der Sandinisten gesprochen[10]. Für den Südwestfunk, Drittes Programm, stellte sich der Sachverhalt freilich wie folgt dar[11]: »Der Sprecher des Erzbistums von Managua in Nicaragua, Pater Bismarck Carballo, der Sprecher schweigt über einen Fall von Ehebruch. Er ist nämlich erwischt worden im Schlafzimmer einer jungen Frau von deren Ehemann. Der hat dann gleich zur Pistole gegriffen, auch mal in die Luft geballert und dann hat er auf den Pater eingeprügelt. Zufällig war in der Nähe gerade mal wieder eine Demonstration, also auch Polizisten. Die haben dann den Pater befreit, der übrigens auch Direktor von Radio Católica ist in Nicaragua. Und über diesen Fall war in dem Sender nichts zu hören. Trotzdem weiß inzwischen jeder in Managua, was dem Pater passiert ist. Radio ›Mund zu Mund‹ hat funktioniert.«

Es mag dahingestellt sein, ob die unverkennbare antikirchliche Häme nur der augenblicklichen Stimmung des Moderators zuzuschreiben war. Wir wissen – und auch der Südwestfunk wird wissen –, daß Pater Bismarck Carballo einer beschämenden Intrige zum Opfer fallen sollte. Von einer angemessenen Entschuldigung und Richtigstellung der zuständigen Südwestfunk-Redaktion ist bis zur Stunde nichts bekannt.

Ähnlich krasse Fälle finden wir in den großen deutschen Tageszeitungen nur selten. Dennoch gibt es auch hier gravierende Probleme, die zum Teil personelle bzw. finanzielle Gründe haben. Selbst die großen Blätter verfügen selten über mehr als zwei Korrespondenten in Lateinamerika; in der Regel residieren sie in Rio de Janeiro oder Buenos Aires bzw. in Mexico-City. Von dort sollen sie die politischen Ereignisse in etwa 30 unterschiedlichen lateinamerikanischen und karibischen Staaten analysieren und kommentieren – von den Entfernungsproblemen einmal ganz abgesehen.

Presseagenturen sowie regionale Rundfunksender werden unter solchen Voraussetzungen zu journalistischen Hauptquellen, die persönliche Recherche tritt zurück. Hinzu kommt das Zeitproblem, unter dem speziell Sonderkorrespondenten zu leiden haben. Während ihres kurzen Aufenthaltes lasse sich, wie die »Neue Zürcher Zeitung« zutreffend feststellte, »zwar ein Ausflug in ein von der Guerilla besetztes Dorf unternehmen (und die dort aufgebaute Kulisse des ›Befreiungskampfes‹ filmen)«, zu einer Analyse der Lage reichten aber weder Zeit noch Landeskenntnisse, und das Gerücht von einem Massaker der einen oder der anderen Seite sei auch nicht »von einer Stunde auf die andere« zu verifizieren.

Im Frühjahr 1982 wies San Salvador freilich eine besondere Situation auf. Vor Ort waren weit über 100 ausländische Journalisten, meist in beachtlichen Ansammlungen an der Bar des Hotels »Camino Real«. Sie galt als Umschlagplatz für Informationen – übrigens ein lohnender und unproblematischer Umschlagplatz, zu dem auch Guerilla-Vertreter Zugang hatten.

Kein salvadorianischer Sicherheitsbeamter hätte es gewagt, Kontrollen in diesem US-amerikanischen Hotel durchzuführen. So wechselte hier manches Videoband der Guerilla den Besitzer, Bänder, die dann über nordamerikanische und europäische Fernsehschirme flimmerten.

Die Probleme El Salvadors sind heute zwar nicht geringer als damals, aber im Vergleich zu anderen Brennpunkten des Weltgeschehens – Libanon, Golfkrieg u. a. – ist El Salvador nicht mehr interessant genug. So sind es seit Juli 1982 nicht einmal mehr 20 ausländische Journalisten, die in San Salvador arbeiten.

Sie freilich verfügen noch über eine besondere Quelle, den Guerilla-Sender »Radio Venceremos«, der weit mehr als andere Quellen auch den Inhalt sehr vieler Agenturmeldungen beeinflußt. Seine Meldungen sind in der Regel nicht überprüfbar, evtl.

spätere Widerlegungen werden wegen mangelnder Aktualität nicht mehr zur Kenntnis genommen.

Beispiele für die offensichtlich ungeprüfte Übernahme von Meldungen lassen sich in großer Zahl anführen. So berichtete etwa der »Spiegel«[12] im vergangenen Jahr von einem »Massaker« salvadorianischer Regierungstruppen, dem »etwa 900 Zivilisten« in einem Ort der Provinz Morazán zum Opfer gefallen seien. Mag das amtliche Dementi auch gering geschätzt werden – zurückgewiesen wurde die Darstellung auch von kirchlicher Seite. Aus Caritas-Kreisen verlautete wenig später, ein großer Teil der angeblich Ermordeten lebe in einem Flüchtlingslager.

Neben ungeprüft übernommenen Meldungen stehen solche, die nur partiell wiedergegeben werden. So nennt der Erzbischof von San Salvador immer wieder Zahlen der Opfer, die bei den Auseinandersetzungen und Übergriffen der verschiedenen Seiten getötet worden sind. Durch Kürzung seiner Ansprachen wird in Teilen der deutschen Presse der Eindruck erweckt, als schließe der Erzbischof jede Verantwortung der Guerilla aus.

Solche Nachrichtenkürzungen oder Nachrichtenunterdrückungen betreffen auch den »Socorro Juridico« der Erzdiözese San Salvador. Erzbischof Rivera Damas hatte schon 1981 erklärt, die einseitigen Positionen dieser Einrichtung stifteten Verwirrung; sie habe ihre Tätigkeit »ausschließlich« auf die juristische Ebene zu beschränken. Der Socorro Juridico sei nicht befugt, Erklärungen im Namen des Erzbischofs oder der Erzdiözese abzugeben. Diese Stellungnahme wurde auch durch den Pressedienst der Deutschen Bischofskonferenz verbreitet[13], gleichwohl so gut wie nicht in der Presse aufgegriffen. Teilweise via Mexico gingen weiterhin Meldungen des Socorro Juridico in die Welt, die einseitig Stellung bezogen und prompt nachgedruckt wurden.

Die Denunziation von Übergriffen der salvadorianischen Sicherheitskräfte ist nicht nur richtig, sie ist
notwendig. Freilich gehen Übergriffe der Guerilla,
die ebenso zur salvadorianischen Realität gehören,
kaum in unsere Presse ein. Macht es einen moralischen Unterschied aus, ob Menschen dem rechten
oder dem linken Terror zum Opfer fallen?
Und wenn Guerilla-Sympathisanten Zahlenangaben
über die Opfer der Guerilla mit dem Zusatz »zu
Recht hingerichtet« versehen, ist das nicht mehr
nachvollziehbar. Blinder Fanatismus schafft keine
gerechtere Welt.

Zur Frage der Desinformation

Ich habe versucht, einige Hauptprobleme der Information und einige wesentliche Probleme der Informationspolitik am Beispiel Nicaraguas und El Salvadors darzustellen und zu exemplifizieren. Es gibt,
daran kann kein Zweifel bestehen, ein beklagenswer-
tes Maß an Desinformation über Lateinamerika und
speziell über Zentralamerika. Es kann auch kein
Zweifel daran bestehen, daß diese Desinformation in
erster Linie von revolutionären, großenteils marxi-
stisch-leninistisch bestimmten Gruppen ausgeht bzw.
ihnen zugute kommt.
Demgegenüber sind Bestrebungen, die Politik rech-
ter Militärregime publizistisch zu vertreten und die
sozialen und politischen Zustände in diesen Ländern
zu rechtfertigen, praktisch ohne Bedeutung. Ihr irrationaler Antikommunismus und die daraus resultierende Verteidigung ungerechter Strukturen stoßen in
der Bundesrepublik nicht auf erwähnenswerten Widerhall.
Bedenklich sind dagegen Vereinfachungen, die darauf hinauslaufen, etwa die Guerilla in El Salvador
oder die Sandinisten in Nicaragua schlechthin als

Kommunisten zu bezeichnen. Auch hier fehlen zumindest notwendige Differenzierungen zwischen Führung und Basis sowie innerhalb der keineswegs einheitlichen Führungen. Falsch und ungerecht wäre es auch, jeden Sympathisanten der salvadorianischen Guerilla oder der Sandinisten in Nicaragua ohne weiteres als Kommunisten abzustempeln. Unter diesen Sympathisanten gibt es eine große Zahl von Idealisten, viele, die ihr Handeln auf eine christliche Motivation zurückführen. Freilich muß dieser Idealismus auf seine Ernsthaftigkeit hin überprüft werden, auf die Bereitschaft und Fähigkeit, andere Meinungen anzuhören und qualifizierte Informationen als Grundlage für die eigene Meinungsbildung zu akzeptieren, auch wenn sie mit dem bisherigen Bild nicht übereinstimmen. Wer immer nur eine Meinung hört, immer dieselben Informanten einlädt – wie dies nur allzu viele Gruppen tun –, kann keine kritische Meinung für sich reklamieren.

Wir alle sind uns in dem Urteil einig, wie schlimm besonders die Regime Somoza in Nicaragua und Lucas García in Guatemala waren, welcher Verbrechen sich argentinische Sicherheitsorgane schuldig gemacht haben – Verbrechen übrigens, die jetzt mit einem Federstrich nachträglich »legalisiert« wurden. Wir wissen auch von den Folterpraktiken des Regimes Pinochet in Chile. Im besonderen die Leitungen der dortigen Ortskirchen haben uns über die Realität in ihren Ländern unterrichtet. Gleichwohl sind Teile der deutschen Öffentlichkeit nicht bereit, in gleicher Weise die Leitungen der Ortskirchen von El Salvador und Nicaragua als Informationsquellen zu akzeptieren. Hier liegt eine Ursache dafür, daß der Informationsstand in bezug auf Zentralamerika und die diffizilen Verhältnisse in dieser Region offenkundig nicht ausreicht.

Im März vergangenen Jahres ging das salvadorianische Volk in beeindruckender Weise zu den Wahlur-

nen, um sich durch die Stimmabgabe für Frieden und Demokratie auszusprechen. Unsere Enttäuschung über das Wahlergebnis ist ein anderes Problem, aber während eine elitäre europäische Bevormundung die Wahlen als »Farce« diskreditierte, fuhren Tausende Autos mit dem Aufkleber durch El Salvador: »Journalist: Übergib dein eigenes Land, aber nicht das unsere. Sag die Wahrheit!«
In der Tat, die Probleme El Salvadors, der Region und des ganzen Kontinents sind zu einem erheblichen Teil Informationsprobleme. Der Apostolische Nuntius in El Salvador und Costa Rica, Erzbischof Kada, warf Teilen der europäischen Presse »Terror« durch »Desinformation« vor[14]. Die Bischofskonferenz von El Salvador hat sich verschiedentlich gegen das falsche Bild gewandt, das die Massenmedien auf internationaler Ebene von El Salvador gezeichnet haben[15]. Erzbischof Rivera Damas hat seinerseits in einem Gespräch mit dem BDKJ zum Ausdruck gebracht, daß die wahrheitsgetreue Information über sein Land Voraussetzung einer wirksamen Hilfe sei[16]. Und dieser Satz gilt auch für das übrige Lateinamerika.

[1] E.-A. Jauch, »Du bist Gott, kein Freund der Diktatoren . . .« – Ist der Glaube dem Priester Ernesto Cardenal abhanden gekommen?, KNA 22 vom 15. Mai 1982.

[2] WDR, III. Fernsehprogramm, »Auslandsstudio«, 7. Februar 1982.

[3] Schreiben Burbach an Päschke vom 15. Februar bzw. 16. April 1982. – Schon während der Sendung war der Bundestagsabgeordnete Dr. O. Hennig den Ausführungen Päschkes erfolglos entgegengetreten. Hennig führte aus: »Ein Theologe, Herr Päschke, sollte zwar auch das sagen, was er glaubt, aber in einer solchen Sendung sollte er vorwiegend das sagen, was er weiß. Und ich glaube, das haben Sie zum Schluß nicht getan.«

[4] G. Grass, Im Hinterhof. Bericht über eine Reise nach Nicaragua. ›Die Zeit‹ vom 1. Oktober 1982.

5 ›Frankfurter Rundschau‹ vom 15. November 1982: »Ein ausländischer Intellektueller, von Sandinisten beeinflußt. ›La Prensa‹, die größte Zeitung Nicaraguas, kritisiert Günter Grass' Bericht über seine Reise in das mittelamerikanische Land«

6 J. Strasser, Bleibt die Revolution human? ›Süddeutsche Zeitung‹ vom 25./26. September 1982.

7 S. Anm. 5.

8 K. Behne, 3,1 Millionen DM gespendet – Dürfen Deutsche »Waffen für El Salvador« finanzieren? KNA Nr. 64 vom 26. Oktober 1982.

9 IDES Nr. 132 vom 16. April 1982.

10 S. Anm. 6.

11 SWF, III. Hörfunkprogramm, 13. August 1982.

12 ›Der Spiegel‹, 2/1982.

13 Pressedienst der Deutschen Bischofskonferenz vom 5. Februar 1982.

14 El Salvador: Nuntius wirft Presse Desinformation vor. KNA-Ausland, Nr. 79 vom 3. April 1982.

15 Vgl. u. a. die Erklärung der Bischofskonferenz von El Salvador vom 17. Februar 1982.

16 Wahrheitsgetreue Information über El Salvador vorrangig. Erzbischof Rivera y Damas mit BDKJ-Bundesvorstand zusammengetroffen. KNA-Inland, Nr. 128 vom 4. Juni 1982.

Anton Rauscher

Aus der Diskussion

Der folgende Bericht stützt sich auf die Diskussion, die auf Band aufgenommen wurde. Besonderes Gewicht kommt dem Gespräch im Anschluß an die Vorträge von Paul Link, Kardinal López Trujillo und Lothar Roos zu, an dem außer den Referenten auch die Herren Raul Vela, Bischof von Azogues/Ecuador, Dr. Bonaventura Kloppenburg, Weihbischof von Bahia/Brasilien, Weihbischof Emil L. Stehle, Geschäftsführer von ADVENIAT, und Prälat Norbert Herkenrath, Hauptgeschäftsführer von MISEREOR, teilnahmen. Einen weiteren Schwerpunkt der Diskussion bildeten die Ausführungen von Erzbischof Arturo Rivera Damas über das Problem von Gewalt und Gegengewalt in Mittelamerika.

Die Rolle der Theologie der Befreiung

Das Interesse galt zunächst der Klärung der Frage, welche Rolle die Theologie der Befreiung in Lateinamerika spielt. Auf der einen Seite kann man die Meinung hören, wonach diese Theologie in den kirchlichen Gemeinden und beim Volk gar nicht bekannt, sondern mehr eine Sache einzelner Theologen und einiger Gruppen, vor allem im akademischen Bereich, sei, auf der anderen Seite würde die Auseinandersetzung mit dieser Theologie wohl kaum in dieser Intensität geführt, wenn sie nicht eine Gefährdung für die Kirche wäre.

Sicherlich, so wurde geantwortet, sei die Theologie der Befreiung in Lateinamerika verbreitet, wobei von Land zu Land Unterschiede bestehen. In Brasilien zum Beispiel habe das frühere Verbot der Übersetzung und Veröffentlichung der Werke von Gustavo Gutiérrez durch die Militärregierung nur bewirkt, daß jetzt nach ihrer Freigabe diese Bücher um so größeres Interesse fänden. Aus demselben Grunde habe es in Brasilien keine kritische Reflexion über die Theologie der Befreiung gegeben, zumal katholische Zeitungen und Zeitschriften, die sonst bei jeder Gelegenheit von Pluralismus schwärmen, sich weigerten, kritische Beiträge zu publizieren.

Was nun das Volk und die kirchlichen Gemeinden angeht, so sei die Befreiungstheologie nicht übermäßig in den pastoralen Alltag eingedrungen. Auch die politisierenden Basis-Gemeinden, die also das Evangelium dazu benutzen, um politische Bewußtseinsbildung und politische Aktion zu betreiben, seien eine ausgesprochene Minderheit. Kenner schätzen ihre Zahl auf höchstens 10 bis 11 Prozent der etwa 80 000 »Basis-Gemeinschaften« in Brasilien.

In Europa und in Deutschland werde manchmal die Lage der Kirche in Lateinamerika so dargestellt, als ob sie gespalten sei in ein konservatives und in ein progressives Lager, als ob auch die Bischöfe und Priester auseinanderfielen in Befürworter und Gegner der Revolution. Davon könne keine Rede sein. Natürlich gebe es auch radikale Gruppen, auch einige extreme Bischöfe, die mit Vorliebe nach Europa eingeladen würden und die ihre einseitige und zum Teil ideologische Sicht über die Medien verbreiten könnten; aber der größte Teil der Bischöfe und auch der Priester gehörten den Extremen nicht an, ebensowenig das Kirchenvolk. Man sollte endlich auch in Europa nicht die Ränder suchen, sondern *die Kirche,* die sich zu dem Dokument von Puebla bekannt hat.

Die Sorge, daß man hier in Europa nicht hinreichend zwischen den verschiedenen Strömungen der Theologie der Befreiung unterscheide und zwischen ihren

Vertretern differenziere, sei sicherlich ernstzunehmen. Allerdings, so wurde betont, müsse man zur Kenntnis nehmen, daß die Lateinamerikanische Bischofskonferenz in Puebla nur von *einer* Befreiungstheologie gesprochen hat. Warum? Als die theologische Reflexion im Anschluß an die Vollversammlung in Medellín im Jahre 1968 einsetzte, gab es verschiedene Denkansätze dieser Theologie. Schon bald aber wurde die Bezeichnung »Theologie der Befreiung« mit jener Richtung verbunden, ja gleichgesetzt, die marxistisch inspiriert war. Alle Übersetzungen von Büchern, die in Europa erschienen sind, gehörten ausschließlich dieser Richtung an.

Die Problematik der marxistischen Analyse

Natürlich müsse man unter den marxistisch inspirierten Theologen unterscheiden zwischen denen, die mehr politisch orientiert, und anderen, die mehr theoretisch interessiert seien; wieder andere wollen gar nicht Marxisten sein, aber sie arbeiten mit der marxistischen Terminologie. Alle diese Theologen machen sich zwar nicht die Marxsche Metaphysik und ihren Atheismus zueigen, aber sie übernehmen die marxistische Analyse, von der sie behaupten, sie sei ein »wissenschaftliches« Erkenntnisinstrument.
Hier wurde eingewandt, ob die Darlegung der marxistischen Analyse und ihrer Probleme überhaupt zutreffend sei. Müsse man nicht doch unterscheiden zwischen der Ebene der Ideologie, der Ebene wissenschaftlicher Theorien, der Ebene der realen Herrschafts- und Abhängigkeitsverhältnisse und der Ebene konkreter Unrechtsverhältnisse. Führe man nicht, solange man sich nur auf der Ebene der Ideologie bewege, »Geisterschlachten«? Und gebe es nicht neben der marxistischen auch eine bürgerlich-ökonomische Dependenztheorie?

Demgegenüber wurde festgestellt, man dürfe es sich mit derartigen Unterscheidungen nicht zu einfach machen und das Problem wegdiskutieren. Sicherlich könne man bei den Theologen, die mit dem marxistischen Instrumentarium arbeiten, unterscheiden zwischen denen, die rein wissenschaftliche Analyse betreiben wollen, und anderen, die den Klassenkampf als das Kernstück der marxistischen Analyse annehmen und ihn zugleich zum Maßstab für christliches Handeln machen. Das zentrale Problem für die Theologie und ebenso für die Kirche liege hier. Die Vollversammlung in Puebla hat den Klassenkampf nicht angenommen; die Iglesia popular, also die »Volkskirche«, hat sich damit theoretisch und praktisch identifiziert. Welche radikale Veränderung der Christologie und der Ekklesiologie von den Christen betrieben wird, welche sich die marxistische Analyse, den Klassenkampf und die Revolution zueigen gemacht haben, dies kann man an den Äußerungen und gedruckten Erklärungen jener beobachten, die in Nicaragua mit der Revolution zusammenarbeiten.

In Puebla haben die lateinamerikanischen Bischöfe erklärt, daß diejenigen Überlegungen über die Befreiung nicht annehmbar sind, welche die marxistische Analyse und den Klassenkampf voraussetzen oder darauf beruhen. Das bedeutet nicht, daß es bei der marxistischen Analyse nicht den einen oder den andern Aspekt geben könnte, der annehmbar wäre; aber in ihren wesentlichen Linien ist sie nicht annehmbar, vor allem nicht, wie sie die wirtschaftliche Produktion erklärt und wie sie aus dieser Erklärung den Klassenkampf ableitet.

Diejenigen Theologen der Befreiung, deren Werke in Europa übersetzt worden seien, haben nicht nur die marxistische Analyse übernommen, sondern versuchen, auch den Klassenkampf innerhalb der Kirche zu propagieren. So, wenn Gustavo Gutiérrez fordert, die Kirche *müsse* für das Proletariat einstehen und gegen das Privateigentum an den Produktionsmitteln kämpfen, sich einsetzen für eine gesunde sozialistische Gesellschaft. Auf dieser Linie nähere er sich gleichsam dem Erklärungsmodell von Althusser, der von der Einheit des Proletariats ausgeht und die Einheit der Kirche zum Mythos erklärt.

Auch der Begriff »Klasse« werde ganz im Sinne des Klassenkampfes – als besitzende und als ausgebeutete Klasse – gebraucht. Die Dokumente von Medellín und Puebla gebrauchen niemals das Wort »Klasse«. Auch die Enzyklika »Laborem exercens« vermeidet diesen Terminus oder setzt ihn in Gänsefüßchen.

Zu den Theologen, die der marxistischen Analyse anhängen, gehöre auch Leonardo Boff, der in seinem neuesten Buch über die Kirche den Klassenkampf in die Ekklesiologie einführen will, wie es auch Texte von ihm gibt, die Christus in die Rolle des Klassenkämpfers und Revolutionärs rücken. Ein radikaler Extheologe sei Hugo Assmann, der durch den Klassenkampf die Welt verändern will. Gewiß: die Anklagen der Ungerechtigkeiten in Lateinamerika, die auch diese Theologen vorbringen, sind berechtigt; die Analyse und die Lösung aber, die sie betreiben, führen in die Irre.

Im übrigen dürfe nicht übersehen werden, daß von diesen Theologen häufig theologische und sozialwissenschaftliche Aussagen vermischt würden. Genuin marxistisch sei die von Boff und Assmann verfochtene These, wonach die Praxis Voraussetzung der Erkenntnis sei. Praxis wird hier nicht in dem Sinne verstanden, wie der Wissenschaftler und auch der Christ sie verstehe: daß sich sein Glaube in der Praxis bewähren, seine Erkenntnis durch die Praxis korrigiert werde. Hier bedeute Praxis etwas ganz anderes: Ich komme überhaupt nur zu Erkenntnissen – ob theologischer, sozialwissenschaftlicher oder sonstiger Art, ist völlig sekundär –, wenn ich an der Front kämpfe, wenn ich klassenkämpfe. Von diesem Ansatz her werde man natürlich immun gegen jede Kritik. Man könne nämlich jedem Bischof, dem Papst, jedem Wissenschaftler entgegenhalten, daß er ja selbst nicht in der Praxis stehe und deshalb auch nicht mitreden könne. Hier werde Kommunikation unmöglich.

Die notwendige Besinnung auf die katholische Soziallehre

Die heutigen politischen Theologien und vor allem die marxistischen Varianten der Theologie der Befreiung seien eigentlich ein Rückschritt, aber nicht etwa ins 19. Jahrhundert, weil damals Karl Marx lebte, sondern hinter Thomas von Aquin zurück. Dieser große Denker vollbrachte in Loslösung von den Resten des Platonismus *die* theologische Leistung des Abendlandes, indem er die beiden Bereiche: hier menschliches Wohl, dort christliches Heil zwar nicht auseinandergerissen, aber doch unterschieden hat. Es sei eine Verkehrung der christlichen Botschaft, wenn das Evangelium für säkulare Zwecke vereinnahmt und politisiert werde. Der Arbeitskreis »Kirche und Befreiung« habe frühzeitig auf diese Problematik hingewiesen. Man müsse vor jenen Theologen warnen, die Ajatollahs sein möchten.

Die erkenntnistheoretische Position, wie sie Thomas erarbeitet hat, war geeignet, die Wahrheit des Evangeliums und die sittlichen Forderungen rational zu vermitteln. Dies könne von den erkenntnistheoretischen Ansätzen der marxistisch inspirierten Theologen der Befreiung nicht gesagt werden. Der christliche Glaube an die Auferstehung könne nicht nur hermeneutisch erklärt werden, indem man sagt, dies sei eben der Glaube der Jünger damals gewesen. Für uns ist die Auferstehung ein Geschehnis, das von allen Generationen als universal gültig anerkannt werden muß – auch wenn es »historisch« war, und gerade weil es historisch war. Wenn Ernesto Cardenal, der Kulturminister von Nicaragua, voriges Jahr in Ostberlin auf die Frage, ob er als Christ an die Auferstehung glaube, dem Sinne nach antwortete, er glaube als Marxist an die Auferstehung der Klasse, so sei dies mit dem Dogma des katholischen Glaubens nicht vereinbar.

Wenn ich als Christ die marxistische Analyse und den Klassenkampf nicht annehmen kann, dann muß ich, wenn ich die Gestaltung der Verhältnisse nicht anderen Kräften überlassen will, auf die katholische Soziallehre zurückgreifen, sowohl in ihrem Erkenntnisansatz als auch in ihren Aussagen über das Wesen des Menschen und der Gesellschaft. Sie sei unentbehrlich für die kritische Analyse, auch für die Kritik an Unrechtsverhältnissen. Die vielen Probleme gerade in Lateinamerika verlangen von den Christen und besonders von der christlichen Sozialwissenschaft eine scharfsinnige und klare Analyse, inwieweit sie auf Verstöße gegen die Gerechtigkeit und gegen die Liebe und Solidarität zurückzuführen sind. Die Frage nach der Ordnung einer Gesellschaft in Gerechtigkeit – und das impliziert die Beseitigung von Mißständen – lasse sich nicht unmittelbar und allein vom Evangelium her beantworten. Die politische Theologie habe sicherlich einen Anstoß gegeben, das Problem der Vermittlung zwischen Theologie und Sozialethik neu zu bedenken. Auch Johannes Paul II., der die katholische Soziallehre mit solchem Nachdruck vertritt, habe ihre theologische Dimension wieder stark betont, ohne sie jedoch mit den anderen Dimensionen zu vermischen. Man müsse sorgfältig überlegen, was die Theologie und was die Sozialwissenschaften, insbesondere die Sozialethik und die Sozialphilosophie leisten können.

Die katholische Soziallehre biete auch die Möglichkeit, einseitige und schiefe Anschauungen als Ideologien zu entlarven, auch die Ideologie des Marxismus. Wenn Befreiungstheologen sagen, sie bemühten sich um eine Reflexion »von der Praxis« her, so handele es sich in Wahrheit um eine »politische Praxis«. Wenn es wenigstens eine Praxis der Liebe oder auch der »politischen Liebe« wäre, dann wäre dies kein Problem, wie ja auch eine Theologie möglich ist, die über politische Probleme nachdenkt – im Sinne der katholischen Soziallehre. Aber gerade das wolle man nicht. Man verweigere auch die Annahme der Lehre der Kirche in all diesen Fragen, die ein klares Kriterium dafür biete, wie Befreiung christlich verstanden werden könne und wie nicht.

Eine Frage galt den Überlegungen, ob und inwieweit man aus den Erfahrungen, die die Länder Europas mit der Sozialen Frage und ihrer Überwindung gemacht haben, auch Orientierungen für die Lösung der Probleme im heutigen Lateinamerika und in der Dritten Welt gewinnen könne. Sind die Ausgangsbedingungen nicht unvergleichbar? Sicherlich, so wurde betont, seien Vergleiche nur sinnvoll, wenn sie uns weiterhelfen. Vergleichbar seien die Situationen im Europa des 19. Jahrhunderts und in Lateinamerika heute, insofern es sich jeweils um den Beginn der Industrialisierung handelt. Es komme darauf an, in Lateinamerika eine Entwicklung zur kapitalistischen Klassengesellschaft, wie sie damals in Europa eingetreten war, zu verhindern wie andererseits die Voraussetzungen und Bedingungen zu bedenken, die es ermöglichen, daß eine Industriegesellschaft den Hunger und die Armut überwinden kann.

Von Europa könne man ebenfalls lernen, daß der Entwicklungsprozeß langwierig sei und daß eine Ungeduld im Namen des Evangeliums, im Namen der Theologie, die hier und heute eine gerechte Welt ohne Armut verwirklicht wissen möchte, fehl am

Platz ist. Wir müssen uns zwar anstrengen, so gut wir nur können, aber wir dürfen auch keine unerfüllbaren Erwartungen und Hoffnungen und auch nicht den Eindruck erwecken, als ob die Probleme, wenn wir nur wollten, aus der Welt zu schaffen wären. Es sei die Faszination der Utopie, die den Marxismus so anziehend macht. Das Evangelium mahne uns vor Illusionen und Utopien, indem es an die Relativität dieser Welt und all dessen, was Menschen tun können, erinnert.

Die Sackgasse der Gewalt

Was das Problem von Gewalt und Gegengewalt angeht, so habe die Sozialethik seit dem Mittelalter u. a. an dem Kriterium festgehalten, daß die Bekämpfung korrupter oder der Gerechtigkeit nicht entsprechender Gewalt dann gerechtfertigt sein könne, wenn dabei Aussicht auf Erfolg besteht. Diese Bedingung war freilich nicht gegeben in dem Aufstand des ungarischen Volkes von 1956 gegen die Sowjetmacht. Die Anwendung von Gewalt gegen das kommunistische Regime geschah aus der Überzeugung heraus, daß es sinnlos geworden sei, unter den herrschenden Verhältnissen weiterzuleben. Was die Lage in El Salvador so unlösbar mache, ist die Tatsache, daß es lauter angemaßte Gewalten gebe und daß die staatliche Gewalt, obwohl das Volk in den letzten Wahlen klar Position bezogen hat, nicht in der Lage sei, diesen Gewalten ein Ende zu bereiten. Hier fehle jene Ordnung und Autorität, die man anerkenne.
In dieser Situation komme es darauf an, das Umfeld, aus dem diese Gewalten gespeist werden, trockenzulegen. Das heißt, man muß entschieden der Armut und der sozialen Ungerechtigkeit zu Leibe rücken. Bei der Vermittlung von Hilfe für die geplagten Menschen wird man sich keiner der Gewalten bedie-

nen dürfen. Glaubwürdig sei die Kirche, die auch im Volk fest verwurzelt sei.

In der Bundesrepublik Deutschland und in Europa verfügen wir leider nur über bruchstückhafte Informationen über die Lage in El Salvador. Auch in den seriösen Tageszeitungen sei dieser Mangel offenkundig. Bei Gesprächen im katholischen Raum, bei Iustitia et Pax, im Dialog mit Parteien und Gewerkschaften könne man immer wieder auf die vom Erzbischof kritisierte »einseitige Solidarität« stoßen. Man will nicht wahrhaben, daß es mehrere ungerechte Gewalten gibt, man verfällt statt dessen der Schwarz-Weiß-Malerei. Für die einen gebe es die Ordnungsmacht des Staates, gegen die die Guerilla ankämpfe, für die anderen den gerechten Kampf des »Volkes« gegen die unterdrückerische Staatsmacht. Was wir dringend brauchen, ist ein unverfälschter Blick für die Wirklichkeit. Auch für viele Initiativen und Aktionen, die sich im katholischen Raum gebildet hätten, gelte dies, jedenfalls für diejenigen, die nicht ideologisch orientiert seien.

Bei den letzten Wahlen in El Salvador im März 1982 sei – entgegen manchen Behauptungen vor allem in der Linkspresse – die Beteiligung des Volkes eine außerordentlich große gewesen, obwohl es nicht ungefährlich war und es direkte Drohungen von seiten der Guerilla gegeben habe. Das Volk habe mit dem Aufstand nichts zu tun und sei gegen die angemaßten Gewalten von rechts und von links. Das Volk habe keinen anderen Wunsch, als über friedliche Wege zur Arbeit und zum Fortschritt zu gelangen. Die Wahl war ein Plädoyer für die staatliche Ordnung. Die Wahlen wurden von den Rechtsparteien gewonnen, die jetzt die Mehrheit in der verfassungsgebenden Versammlung haben. Man wollte die zuvor in die Wege geleiteten Reformen bremsen: die Agrarreform, die Verstaatlichung des Außenhandels und die Verstaatlichung der Banken. Allerdings sei die Regierung bei der Durchsetzung ihrer Politik auf Opposition nicht nur im eigenen Land, sondern auch in den USA gestoßen. Deshalb versuche man jetzt, die Reformen beizubehalten und zu einem Dialog zwischen den verschiedenen Gruppen zu kommen.

Unter den Militärs, die einen starken Einfluß auf die Regierung in El Salvador haben, sei die Ideologie der nationalen Sicherheit verbreitet. Man gehe von dem Grundsatz aus, daß die Entwicklung ohne Sicherheit nicht möglich sei, und umgekehrt, daß es Sicherheit ohne Entwicklung nicht gebe. Auch unter den Priestern in der Militärseelsorge sei diese Doktrin anzutreffen.

Die Kirche in El Salvador

Eine problematische Rolle spiele die CONIP, die nationale Koordination der Volkskirche, die aus zahlreichen Gruppen und Basisgemeinschaften gespeist werde. Die »Volkskirche« von El Salvador habe durchaus eine Reihe von kirchlichen Zielen und Vorstellungen vertreten, wie sie auch in der Enzyklika »Evangelii nuntiandi« dargelegt sind. Daneben aber gebe es eine Menge von Zielsetzungen, die bei den sogenannten Freiheitsbewegungen, bei der Guerilla, bei der Insurrektion angesiedelt sind. Vor allem beteilige sich die CONIP an dem logistischen Betrieb der Guerilla. Damit steht sie im Dienst der Guerilla, nicht mehr der Bischöfe. Deshalb kam es zum Bruch; die Bischöfe mußten die Anerkennung der CONIP zurückziehen. Einige ihrer Mitglieder seien in die Wälder gegangen, nachdem die Vereinigung praktisch aufgelöst war, andere nach Mexiko und ins weitere Ausland, um von dort Werbung für die Guerilla zu betreiben. Dies geschehe in »Solidaritätskreisen«. Man sage, die finanziellen Mittel und die moralischen Unterstützungen würden für das

Volk gebraucht; in Wirklichkeit werden die Gelder für die CONIP selbst und ihre Zielsetzungen verwandt.

Auf die Frage, ob die Kirche in El Salvador es nicht versäumt habe, ähnlich wie in Costa Rica mittlere Strukturen in Wirtschaft und Gesellschaft aufbauen zu helfen, wurde geantwortet, daß auch die Kirche Fehler begangen habe. Aber man müsse auch ihre Bemühungen um soziale Gerechtigkeit sehen. Inspiriert von der Barmherzigkeit habe sie sich schon vor zwanzig Jahren auf den Gebieten der Bildung von Genossenschaften, der Schulen, des Krankendienstes und der Massenmedien (Radiodienste) eingesetzt. Erwähnen müsse man die von P. Lombardi ins Leben gerufene Bewegung »Für eine bessere Welt«, die von den Bischöfen und vom Klerus aufgegriffen worden sei. Nach dem II. Vatikanischen Konzil habe es viel Initiativen der Erneuerung und der Vertiefung der christlichen Botschaft gegeben; die Arbeit in den Krankenhäusern, in den Pfarrschulen, in den Genossenschaften wurde intensiviert. Dazu gekommen sei die Arbeit in den Handwerkerschulen.

Damals kamen Spannungen auf; die Aktivitäten der Kirche wurden häufig genug verdächtigt. Die CONIP bewegte sich innerhalb dieser kirchlichen Arbeit, zugleich aber verfolgte sie politische Ziele, was zur Guerilla hinführte. Es ist aber festzuhalten, daß der Großteil der Bischöfe und des Klerus sich dem unmittelbar kirchlichen Auftrag verpflichtet wußte und diese Kirchlichkeit des Auftrags auch beibehielt.

Was die Zukunft betrifft, so gebe es nicht nur Dunkel und Verzweiflung, sondern auch einiges Licht. Es wurden seitens der Regierung mehrere Kommissionen gegründet zur Wiedergewinnung des Friedens. Es gebe auch seitens der Kirche verstärkt Bemühungen, auch um die Wahrung der Menschenrechte.

Verschiedene Diskussionsbeiträge befaßten sich mit der Rolle der ausländischen Mächte, insbesondere der Vereinigten Staaten auf der einen und der Sowjetunion bzw. Cubas auf der anderen Seite. Sicherlich sei der Konflikt in El Salvador zunächst ein Problem der sozialen Gerechtigkeit; aber müsse die Zuspitzung nicht doch in dem größeren Zusammenhang des Ost-West-Konfliktes gesehen werden, wie dies ja auch in Nicaragua gegeben sei?

Ohne Zweifel, so lautete die Antwort, sei das Problem in El Salvador nicht einfach ein »Haus-Problem«, es sei ebenso ein regionales und auch ein geopolitisches. Deshalb sei die Situation so heillos und schwierig. Der Bürgerkrieg sei kein Volkskrieg, weil die Guerilla nicht vom Volk getragen wird. Wenn sie sich dennoch drei Jahre halten konnte, dann verdankt sie dies der Hilfe, die sie von außen erhalten und erfahren hat.

Die Guerilla ist vorzüglich unterstützt und getragen von Nicaragua und von anderen sozialistischen Ländern her. Die Regierung von El Salvador wird moralisch und wirtschaftlich unterstützt durch die USA. Hier sind geopolitische Interessen im Spiel, die von außen kommen und die ganze Region in Zentralamerika betreffen.

Trifft es zu, daß sich die Kirche dafür einsetzt, daß die ausländischen Mächte nicht mehr intervenieren, weder finanziell noch ideologisch? Das habe auch der Heilige Vater in seinen Ansprachen in Mittelamerika betont. Aber müßte ein solcher Rückzug nicht allseitig sein? In Deutschland würde demgegenüber oft nur ein einseitiger Rückzug, nämlich der USA, gefordert. Junge Menschen würden offen Partei ergreifen für die »Befreiungsbewegung«, auch Waffen kaufen und dafür werben. In Berlin habe eine Tageszeitung über 3 Millionen Mark gesammelt für Waffen für El Salvador.

Man müsse, so wurde betont, die territoriale Lage von El Salvador sehen, die zwischenstaatliche Beziehungen zu den USA erfordere. Eines der ganz großen Probleme sei der Zustrom von Waffenlieferungen. Dieser müßte gestoppt werden, aber nicht von einer Seite her allein. Die Bischofskonferenz der USA habe sich bekanntlich für die Einstellung der Waffenlieferungen ihres Landes ausgesprochen. Ebenso habe sie das Aufhören der Waffenlieferungen von der anderen Seite gefordert. Verständlicherweise habe sie jedoch dort weniger moralisches Gewicht als im eigenen Land. An die Stelle der Waffen müßte der Dialog treten.

Einseitige Information

Eine ganze Reihe von Beiträgen befaßte sich mit der Information, die wir über die Lage der Gesellschaft und der Kirche in den lateinamerikanischen Ländern erhalten. Zu einem großen Teil seien diese ausgesprochen einseitig und linkslastig. Dafür gebe es genügend Beispiele. So heiße es im Aktions- und Bildungsprogramm'82 der KAB und CAJ Mönchengladbach: Die Bischöfe in Brasilien stehen zur Arbeiterklasse und vertreten die »Theologie der Befreiung«. Die brasilianische Kirche stehe auf seiten der Unterdrückten des Volkes. Dieses Engagement würde in der westlichen Kirche, besonders bei den deutschen Bischöfen, keine Unterstützung finden, da diese dem kapitalistischen System verfallen seien und die Theologie der Befreiung mit dem Kommunismus gleichsetzten. Auch die CAJ und KAB in Brasilien haben von der deutschen CAJ und KAB den Eindruck, daß sie sich vom Kapitalismus leiten lassen. Spendenaktionen für die Dritte Welt genügen nicht, man müsse die Hintergründe der Armut und Unfreiheit sehen und sich mit den Armen solidarisieren und gemeinsam dagegen kämpfen.

Es wurde in diesem Zusammenhang auf den »Kongreß« »Solidarische Kirche – solidarisches Handeln« verwiesen, den die Christliche Initiative El Salvador und der Bund der Deutschen Katholischen Jugend in Limburg veranstalteten. Daneben gebe es zahlreiche Gruppen mit ähnlichen Bestrebungen, wobei allerdings zu berücksichtigen sei, daß zu den verschiedenen Veranstaltungen häufig dieselben Leute zusammenkämen.

Das, was in Lateinamerika die Ideologie der Volkskirche sei, das sei hierzulande die Initiative »Kirche von unten«. Es gehe jetzt offenbar nicht mehr nur um Lateinamerika und um eine »Theologie der Befreiung« für unterdrückte Völker, sondern um die Theologie der Volkskirche, mit der man breiter und dynamischer operieren könne.

Einseitige Informationen können um so leichter verbreitet werden, je weniger die Menschen mit der Wirklichkeit vertraut sind. Warum beispielsweise tauchen in unseren Medien, auch in kirchlichen Organen, meist nur die Berichte darüber auf, wieviele Menschen die Regierungstruppen oder die »Rechte« getötet haben, aber kaum je über die von der linken Guerilla verursachten Opfer? Dies hänge damit zusammen, so wurde erwidert, daß die linken Gruppen die kirchlichen Stellen rasch und eingehend über begangene Greueltaten, Ermordungen, Entführungen unterrichten, wohingegen diejenigen, die vom linken Terror getroffen werden, in der Regel nicht zu den kirchlichen Stellen kommen und die Untaten melden. Letztere gehen eher zu den Offizieren oder zu den Gerichten, auch wenn diese nicht viel unternehmen können. Viele Untaten der Linken seien aber nicht registriert und würden deshalb auch nicht bekannt.

Das Problem der Information und der Desinformation sei sehr ernstzunehmen. Sicher sei es nicht leicht, zutreffend zu informieren. Aber das größere Problem bestehe darin, daß eine Menge von relativ kleinen, jedoch sehr aktiven Gruppen in der Kirche mit ihren relativ kleinen Organen insgesamt eine große Wirkung erzielen würden. Dies sei deshalb so schlimm, weil der Idealismus junger Menschen, und gerade derer, die sich für die Dritte Welt besonders engagieren, durch Desinformation in eine falsche Richtung gelenkt wird. Die KJG-Zeitschrift »Forum« betreibe zum Beispiel eine typische Desinformation über Fragen der Dritten Welt. Es käme darauf an, daß die Bischöflichen Werke, die ja eine viel breitere Informationsbasis haben, dazu beitragen, daß die Einseitigkeiten korrigiert werden. Auch sollte die Berichterstattung und Information in den lateinamerikanischen Ländern über die Kirche in Deutschland gleichfalls nicht den linken Gruppen überlassen bleiben. Es bedarf gewaltiger Anstrengungen, wenn die bestehenden Einseitigkeiten abgebaut werden sollen.

Referenten

Dr. Jürgen Aretz, Referent der Zentralstelle Weltkirche im Sekretariat der Deutschen Bischofskonferenz, Bonn

Exzellenz Dr. Franz Hengsbach, Bischof von Essen, Vorsitzender der Kommission X für Weltkirchliche Aufgaben der Deutschen Bischofskonferenz, Vorsitzender der Bischöflichen Aktion ADVENIAT

Prälat Norbert Herkenrath, Hauptgeschäftsführer des Bischöflichen Hilfswerkes MISEREOR, Aachen

Exzellenz Dr. Bonaventura Kloppenburg, Weihbischof von Bahia/Brasilien

Dr. Paul Link, Pfarrer in São Paulo/Brasilien, Dozent für katholische Soziallehre an der Theologischen Hochschule

Dr. Anton Rauscher, Professor für Christliche Gesellschaftslehre an der Universität Augsburg, Direktor der Katholischen Sozialwissenschaftlichen Zentralstelle Mönchengladbach

Dr. Lothar Roos, Professor für Christliche Gesellschaftslehre und Pastoralsoziologie an der Universität Bonn

Exzellenz Emil Stehle, Weihbischof von Quito/Ecuador, Geschäftsführer der Bischöflichen Aktion ADVENIAT, Essen

Eminenz Alfonso López Trujillo, Erzbischof von Medellín/Kolumbien

Exzellenz Raul Vela, Bischof von Azogues/Ecuador

Teilnehmer

Prof. Dr. Arno Anzenbacher, Mainz

Dr. George Arickal, BDKJ, Düsseldorf

Msgr. Dr. Gerhard Bauer, Zentralkomitee der dt. Katholiken, Bonn

Günter Baadte, KSZ, Mönchengladbach

Dr. Paul Becher, Zentralkomitee der dt. Katholiken, Bonn

Hans-Joachim Bertram, Weilheim

Prof. Dr. Dr. Friedrich Beutter, Luzern

Dr. Doris Böggemann, Münster

Stadtdirektor Günther Buhlmann, Mönchengladbach

Propst Dr. Robert O. Claeßen, Mönchengladbach

Prof. Dr. Franz Courth, Vallendar

Dr. Czarnowski, MISSIO, Aachen

Dipl.-Volkswirt Hans-Heribert Derix, Köln

Dr. Maria Diederichs, Bischöfl. Akademie Brunnenhof, Mönchengladbach

Pfr. Edmund Erlemann, Regionaldekan, Mönchengladbach

Domkapitular Prälat Dr. Friedrich Fahr, München

Prälat Heinrich Festing, Generalpräses des Kolpingwerkes, Köln

Cornelius-Georg Fetsch, Vors. des Bundes Kath. Unternehmer, Köln

Hubert Frank (Dolmetscher), ADVENIAT, Essen

Prof. Dr. Adolph Geck, Bornheim-Roisdorf

Prof. Dr. Norbert Glatzel, Bamberg

Prof. Dr. Karl Heinz Grenner, Wetter

Rudolf Hahn, Direktor des Katholisch-Sozialen Instituts, Bad Honnef

Prof. Dr. Heinrich Hamm, Vallendar

P. Gerard Heesterbeek, Nijmegen

Dozent Dr. Friedrich Hengsbach, Frankfurt

Prof. Dr. Rudolf Henning, Freiburg

Andreas Herkens, Aachen

Prof. Dr. Theodor Herr, Paderborn
Prof. Dr. Ernst Hirsch Ballin, Tilburg
Dr. Hannsjosef Hohn, Mönchengladbach
Karl-Josef Hollender, Bonn
Thomas Hoppe, Hamburg
Prof. Dr. Peter Inhoffen, Fulda
Domkapitular Propst Josef Kauff, Mönchengladbach
Prof. Dr. Dr. Walter Kerber, München
Prof. Dr. Wilhelm Korff, München
Dr. Lothar Kraft, Institutsleiter, Konrad-Adenauer-
   Stiftung, St. Augustin
Dr. Thomas Kramm, Missionswiss. Institut, Aachen
Dr. med. H. Kühn, Chefarzt, Mönchengladbach
Claus Kuhne, Mönchengladbach
P. Benno Kuppler, Ludwigshafen
Dipl. theol. Bernhard Laux, Bamberg
Joseph von der Lieck, Mönchengladbach
Dr. Wolfgang Löhr, Stadtarchivdirektor, Mönchen-
   gladbach
P. Angelo Macchi, Mailand
Prof. Dr. Gerhard Merk, Siegen
Prof. Dr. Johannes Meßner, Brixen
Prof. Dr. Waldemar Molinski, Wuppertal
Dr. Peter Moßmann, Göttingen
Privatdozent Dr. Peter Paul Müller-Schmid, KSZ,
   Mönchengladbach
Prof. Dr. Dr. Ernst Nagel, Barsbüttel
Prof. Dr. Edgar Nawroth, Walberberg
Prof. Dr. Oswald von Nell-Breuning, Frankfurt
Dipl.-Volkswirt Josef Oelinger, KSZ, Mönchenglad-
   bach
P. Dozent Konrad Pichler, Benediktbeuern
Josef M. Punkt, Kerkrade
Dipl.-Volkswirt Hildegard Rapin, Bonn
De la Rica, ADVENIAT, Essen
P. Dr. Bruno Rosenwick, Jülich
P. Superior Gian Paolo Salvini, Mailand
Prof. Dr. Bruno Schlegelberger, Berlin

Dr. Werner Schmidt, Köln
Prof. Dr. Franz-Martin Schmölz, Salzburg
Privatdozent Dr. theol. Lothar Schneider, Bonn
P. Prof. Günther Schühly, Rio de Janeiro
Dr. H.-J. Schulte-Vieting, Schleiden
Prof. Dr. Manfred Spieker, Osnabrück
Prof. Dr. Josef Stegmann, Bochum
Domkapitular Prälat Johann Strasser, München
Dr. Josef Thesing, Konrad-Adenauer-Stiftung, St. Augustin
Hubert Tintelott, Generalsekretär d. Intern. Kolpingwerkes, Köln
Prof. Dr. Hans Joachim Türk, Nürnberg
Dr. Rudolf Uertz, Konrad-Adenauer-Stiftung, St. Augustin
Prof. Dr. Arthur F. Utz, Fribourg/Schweiz
Dr. Rogelio Villegas, Akademie Klausenhof, Hamminkeln
Bernhard Wabnitz, KNA, Bonn
Prof. Dr. Hermann Josef Wallraff, Frankfurt
Dipl. pol. Ludwig Watzal, Neubiberg
Prof. Dr. Dr. Wilhelm Weber, Münster
Prof. Dr. Dr. Rudolf Weiler, Wien